JN213038

死ぬまでに
行きたい！
世界の絶景

新世界編

詩 歩
Shiho

sansaibooks

目 次

はじめに

「死ぬまでに行きたい！世界の絶景」が誕生して、早くも10年以上が経ちました。
7冊目となる今作で、この書籍シリーズは「完結」します。

さかのぼること12年前。
2012年にわたしが会社の研修でFacebookページを開設したことが始まりでした。
「新人1人ひとつFacebookページを立ち上げて、"いいね数"を競い合いなさい」。そんな課題が
出されたことがきっかけです。

わたしが「死ぬまでに行きたい！」と思う絶景を集めて発信したところ、思いがけないほどの反
響をいただき、翌年、書籍化されることに。さらに次の年には続編の出版が決まりました。
その頃から「虹と同じ7色まで続けられたらいいな」と、なんとなくそう思って、ここまでシリー
ズを続けてきました。今回こうして目標だった7冊目までたどり着けたのは、これまで読んでく
ださったみなさんのおかげです。本当にありがとうございます。

タイトルにつけている「死ぬまでに行きたい！」という言葉は、わたしが海外旅行中に遭った交
通事故の経験が元になっています。乗っていた車が2回転半横転し、ドクターヘリで運ばれたの
です。

「あ、わたしこのまま死んじゃうのかも」

さいわい軽症で済みましたが、22歳のわたしには衝撃的な体験でした。
やりたいことがあるのなら、すぐに行動しなければ後悔する。行きたい旅先があるなら、一歩踏

み出してほしい。そんなメッセージを伝えるために、あえて強い言葉をつけていたのです。
読者の方に受け入れられないかもしれない……そんな不安を抱えていましたが、結果、多くの方
にお届けできた喜びは、つい先日のことのように思い出されます。

完結編となる今回は「新世界編」と題しました。

原点に帰り、1冊目と同じ「まだ知られていない、世界中の素晴らしい絶景を紹介する」という
コンセプトで、60スポットを厳選しています。
7冊目にもなるとすでに紹介した場所も多く、制作にはとても苦労しましたが、いざ探してみる
と、地球にはいまだに知られていない、新しい絶景がこんなにもあるということに気づかされま
した。「死ぬまでに行きたい！」を果たすべく、今まで68か国を旅してきたわたしですが、まだ
まだ長生きしなきゃいけないなあと思います。

シリーズ完結編のこの1冊でも、新しい絶景との出会いを楽しんでいただけたらうれしいです。

詩歩

————————

最後に、これまでの書籍制作にご協力いただいたすべての方々に、お礼を申し上げます。また
「死ぬまでに行きたい！世界の絶景」を見つけ出して書籍化してくれた、三才ブックス編集部の
及川さんには感謝してもしきれません。本当に、本当に、ありがとうございました。

本 書 の 使 い 方

本書はFacebookページ「死ぬまでに行きたい！世界の絶景」から誕生した写真集です。Facebookページとは、ソーシャルネットワーキングサービス「Facebook」上で誰でも作成できるページのことをいいます。この「死ぬまでに行きたい！世界の絶景」では、本書の著者である詩歩が「死ぬまでに行きたい！」と思う国内外の絶景をご紹介しており、2012年4月のページ開設以降、世界中から70万人のファンを集めています。

2013年以降、書籍化され、1冊目『死ぬまでに行きたい！世界の絶景』、2冊目『同・日本編』、3冊目『同・ホテル編』、4冊目『同・体験編』、5冊目『同・新日本編』、6冊目『同・ガイド編』はいずれもベストセラーとなり、海外でも翻訳出版されています（各本の詳細はp151参照）。

7作目となる今回は、国内外の絶景をご紹介して大ヒットした1冊目『世界編』の続編となる、『新世界編』。世界と日本から合計60か所の絶景を発掘しました。とくに近年XやインスタグラムなどのSNSで話題になった新しい絶景を積極的に取り上げています。

日本ではまだあまり知られていない絶景はもちろん、有名観光スポットでも、眺める場所や時間帯などが変わるだけで見えてくる新たな景色や魅力をお伝えできれば幸いです。また、「花畑と雲海のコラボ」など、複数の要素が組み合わさることで魅力が倍増する絶景もご紹介しています。

さらに本書は絶景写真だけではなく、ガイド情報としてベストシーズン、予算の目安、観光情報などを収録していますので、写真集としてだけでなく、ガイドブックとしてもご活用いただけます。また、実際に現地を旅した方の口コミ情報も載せています。

写真やガイド情報を眺めながら旅の準備をはじめるもよし、頭の中で旅の妄想をいっぱい膨らませるもよし。絶景を思いっきり楽しんでください！

❶ 絶景の大まかな位置を把握するための地図。

❷ 現地に行くためのアクセス方法を紹介。

❸ 絶景やその周辺の観光を組み込んだ、旅のプランの一例。

❹ 現地に行った方々の体験談や、著者の詩歩からのコメント。

❺ 絶景スポットを旅するのにおすすめの季節（掲載写真の撮影時期以外の季節を含んでいる場合もあります）。

❻「たとえばこんな旅」のプランで旅行した場合の交通費、宿泊料金、ツアー料金などの合計額の目安。飲食費や観光する場合に発生する細かい交通費などは、個人差があるので含まれていません（あくまで一例です。時期や部屋、交通手段などによって、異なる場合もあります）。

❼ 絶景スポットを旅するにあたって持っていくと便利なものや注意点などを紹介しています。

❽ 絶景スポットの近くにある観光地やグルメ、アクティビティなどを紹介。

❾ 知っておくと「旅の楽しみがちょっとだけ増える」おまけ情報。

Instagram アカウント
@shiho_zekkei

Youtube チャンネル
詩歩の絶景 vlog

現在はFacebookよりもInstagramやYouTubeをメインに更新中！
ぜひフォロー＆チャンネル登録して新しい絶景を見つけてくださいね。

※本書のデータは、基本的に2024年3～11月のものです。諸事情により変更になっている場合があります。実際に旅行する際は、最新情報を現地にご確認ください。

※宿泊料金は特別な記載がなければ、絶景近くの市街地の、ホテルの価格の目安を表示しています。時期やレートにより変動もありますのでご了承ください。

※本書の所要時間・費用・アクセスは目安です。状況やレートに応じて変わる場合があります。交通費などは、基本的に大人1名の料金を表示しています。

※掲載情報による損失などの責任は負いかねますので、あらかじめご了承ください。

絶景 01　ポルトガル

ベナジル洞窟

天窓から差し込む
船でしか行けない秘境ビーチ

ポルトガル

ベナジル洞窟

絶景へのご案内

ベナジル洞窟があるのは、ポルトガル南部のアルガルヴェ海岸。日本からポルトガルまでの直行便はなく、中東やヨーロッパの各都市を経由して、ポルトガル南部最大の都市・ファロにある、ガーゴ・コウティーニョ・ファロ空港に到着。車で西に1時間ほど移動し、アルガルヴェ海岸の港町・ポルティマンへ。そこで現地ツアーに参加して、ボートツアーまたはガイド付きのシーカヤックで洞窟に向かう。
※2024年現在、安全性や自然保護の観点から洞窟内で下船したり、洞窟まで泳いだりするのは禁止されている。

たとえば

こんな旅 > 3泊7日

1日目	成田 → アブダビで乗り継ぎ →（機中泊）
2日目	リスボン → ファロ → 車でポルティマンへ・ポルティマンの歴史地区などを散策（ポルティマン泊）
3日目	ポルティマンからボートツアーに参加してベナジル洞窟へ → ポルティマンでショッピングやグルメを楽しむ（ポルティマン泊）
4日目	ポルティマン → ファロ → 飛行機でリスボンへ・コメルシオ広場、ジェロニモス修道院などを見学（リスボン泊）
5日目	サン・ペドロ・デ・アルカンタラ展望台などリスボン市内観光 → リスボン → ブリュッセルで乗り継ぎ（空港泊）
6日目	ブリュッセル → アブダビで乗り継ぎ →（機中泊）
7日目	成田着

散歩
リスボンと言えば、石造りの坂道を走る路面電車。中でも人気の路線が、市内の主要な観光地を結ぶ「トラム28番」。観光しながら電車旅を楽しめます！

おすすめの季節

3月から10月

ベナジル洞窟のあるアルガルヴェ地方は平均雨量が少なく、年間を通じて温暖。海で泳ぐなら6～9月がおすすめ。夏は気温が高くなるが湿気が少なく、過ごしやすい。

旅の予算

約30万円から

ポルティマンのホテルの宿泊料金は1泊約1万2000円～、リスボンのホテルの宿泊料金は1泊約1万5000円～。レンタカー代（2日間）は約1万2000円～。洞窟ツアーの料金は約4000円。

旅のポイント

ポルティマンからベナジルビーチにアクセスする公共機関はバスのみ。1日数本程度なので、ポルティマン発着の洞窟ツアーに参加するのがおすすめ。周辺のドライブも楽しみたいならレンタカーでビーチまで移動して、洞窟ツアーに参加する方法もある。

More Fun! +αのお楽しみ

上質のワインをお土産に

ベナジルが位置するアルガルヴェ地方にはプライベートワイナリーが点在し、上質の白ワインを産出することで知られている。お土産にもおすすめ。

歴史あるエレベーターはリスボンのランドマーク

リスボンにあるサンタ・ジュスタのエレベーターは、カルモ広場とバイシャ・ポンバリーナの通りをつなぐ、高さ45mのリフト式エレベーターで、1902年に完成。最上階には展望台も設置され、町の絶景が見られる。

海岸線沿いには奇岩がたくさん

アルガルヴェ海岸線沿いには、大自然の営みにより作り出された洞窟や奇岩が多数点在し、不思議な風景を見せている。ベナジル洞窟だけでなく海岸一帯を周遊するツアーも多いので、併せて楽しみたい。

おまけ　ポルトガルで3番目に大きな空港があるファロはアルガルヴェ地方の首都。古代ローマ時代には交易の要衝だったという歴史ある町だ。サン・ペドロ教会やカテドラルなどの歴史的建造物が集まっており、見どころが多い。車で北へ20分ほど行くとローマ時代の壮大なヴィラの遺跡も見られる。

⚠ 旅の安全について

2024年11月時点で、外務省の「海外安全ホームページ」にて危険情報が発出されている地域については、「旅のポイント」で注意を促しています。ただ、日々状況は変動しますので、渡航をお考えの際は、海外安全ホームページの最新情報を確認されることをおすすめします。また、危険情報が出ていない地域でも、テロや犯罪行為、感染症の流行などが起こる可能性もありますので、現地の情報収集につとめ、慎重に行動しましょう。

海外安全ホームページ　anzen.mofa.go.jp

絶景　01　　ベナジル洞窟　ポルトガル

ポルトガル南部、アルガルヴェ地方の漁村にある洞窟。長い年月をかけて石灰岩が海に侵食されたもので、中には小さな砂浜のビーチがある。午前中の限られた時間帯には天井部に開いた穴から光が差し込み、その光景が「まるで神殿のようだ」と話題。洞窟への入口は海側にしかなく、ボートツアーなどに参加する必要がある。洞窟の真上には、穴の上からビーチを見下ろせる展望台も。

ベナジル洞窟

天窓から差し込む
船でしか行けない秘境ビーチ

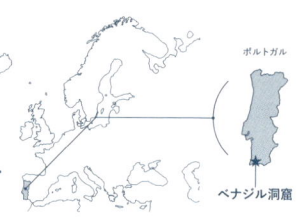

ポルトガル

ベナジル洞窟

絶景へのご案内

ベナジル洞窟があるのは、ポルトガル南部のアルガルヴェ海岸。日本からポルトガルまでの直行便はなく、中東やヨーロッパの各都市を経由して、ポルトガル南部最大の都市・ファロにある、ガーゴ・コウティーニョ・ファロ空港に到着。車で西に1時間ほど移動し、アルガルヴェ海岸の港町・ポルティマンへ。そこで現地ツアーに参加して、ボートツアーまたはガイド付きのシーカヤックで洞窟に向かう。

※2024年現在、安全性や自然保護の観点から洞窟内で下船したり、洞窟まで泳いだりするのは禁止されている。

たとえば
こんな旅 > 3泊7日

1日目	成田 → アブダビで乗り継ぎ →（機中泊）
2日目	リスボン → ファロ → 車でポルティマンへ・ポルティマンの歴史地区などを散策（ポルティマン泊）
3日目	ポルティマンからボートツアーに参加してベナジル洞窟へ → ポルティマンでショッピングやグルメを楽しむ（ポルティマン泊）
4日目	ポルティマン → ファロ → 飛行機でリスボンへ・コメルシオ広場、ジェロニモス修道院などを見学（リスボン泊）
5日目	サン・ペドロ・デ・アルカンタラ展望台などリスボン市内観光 → リスボン → ブリュッセルで乗り継ぎ（空港泊）
6日目	ブリュッセル → アブダビで乗り継ぎ →（機中泊）
7日目	成田着

🚶 散歩
リスボンと言えば、石造りの坂道を走る路面電車。中でも人気の路線が、市内の主要な観光地を結ぶ「トラム28番」。観光しながら電車旅を楽しめます！

おすすめの季節

3月から10月

ベナジル洞窟のあるアルガルヴェ地方は平均雨量が少なく、年間を通じて温暖。海で泳ぐなら6〜9月がおすすめ。夏は気温が高くなるが湿気が少なく、過ごしやすい。

旅の予算

約30万円から

ポルティマンのホテルの宿泊料金は1泊約1万2000円〜、リスボンのホテルの宿泊料金は1泊約1万5000円〜。レンタカー代（2日間）は約1万2000円〜。洞窟ツアーの料金は約4000円。

旅のポイント

ポルティマンからベナジルビーチにアクセスする公共機関はバスのみ。1日数本程度なので、ポルティマン発着の洞窟ツアーに参加するのがおすすめ。周辺のドライブも楽しみたいならレンタカーでビーチまで移動して、洞窟ツアーに参加する方法もある。

More Fun!
+αのお楽しみ

上質のワインをお土産に

ベナジルが位置するアルガルヴェ地方にはプライベートワイナリーが点在し、上質の白ワインを産出することで知られている。お土産にもおすすめ。

海岸線沿いには奇岩がたくさん

アルガルヴェ海岸線沿いには、大自然の営みにより作り出された洞窟や奇岩が多数点在し、不思議な風景を見せている。ベナジル洞窟だけでなく海岸一帯を周遊するツアーも多いので、併せて楽しみたい。

歴史あるエレベーターはリスボンのランドマーク

リスボンにあるサンタ・ジュスタのエレベーターは、カルモ広場とバイシャ・ポンバリーナの通りをつなぐ、高さ45mのリフト式エレベーターで、1902年に完成。最上階には展望台も設置され、町の絶景が見られる。

おまけ
ポルトガルで3番目に大きな空港があるファロはアルガルヴェ地方の首都。古代ローマ時代には交易の要衝だったという歴史ある町だ。サン・ペドロ教会やカテドラルなどの歴史的建造物が集まっており、見どころが多い。車で北へ20分ほど行くとローマ時代の壮大なヴィラの遺跡も見られる。

五感すべてで感じたヴィクトリアの滝

ジンバブエ・ザンビア

text: 詩歩

気を緩めたら滝壺に真っ逆さま!? 流されないよう、
ガイドさんが両足をがっちりつかんでくれています。

ナイアガラの滝、イグアスの滝、ヴィクトリアの滝。
「世界三大瀑布」と呼ばれるこの3つは、それぞれ人生
で一度は見たい素晴らしい滝ですが、規模や個性が違う
ことから「見る順番が大事」とも言われています。
わたしは最初にナイアガラ、次にイグアス、最後にヴィク
トリアの滝を訪問しましたが、この順番が大正解！
「滝」の概念が塗り替わるような感動がありました。

ナイアガラ、イグアスを経て、わたしがジンバブエとザ
ンビアにまたがるヴィクトリアの滝を訪れたのは2024
年6月。まずはザンビア側からスタートです。
国立公園のゲートを入って散策路を歩き出すと、滝はま
だ見えないのに、すでに顔に水しぶきを感じます。雨季
ではないのにこの水量。滝へ近づいたら一体どうなるん
だろう……。
さっそく、一番のビューポイントである「Knife Edge」へ。
そこから見えるのは、水のカーテンのような落差100m
以上の滝。流れているというよりも、滝が自ら意思を持
って降り注いでいるような……そんな表現がしっくりき
ます。
さらに、その滝には2重の虹が！大量の水しぶきが発生
するからこそ出現する、奇跡のような光景です。カメラ
が濡れるのもいとわずに、たくさん写真を撮りました。

次に向かったのは、滝へ流れ込む川に浮かぶリヴィング
ストン島。世界でも珍しい滝の端にある天然プール、そ
の名も「エンジェルプール」で泳ぐ体験に参加しました。
水着に着替えてボートに乗ること数分でプールに到着。
川の先は滝壺ですが、落差が激しすぎて水煙しか見えま
せん。こんな崖ギリギリの場所で泳ぐの……!?
「いいかい、君は今から洗濯機の中に入るんだ」と、ガ
イドさん。恐る恐る足を入れると、すごい水圧！横から
下から、四方から押されて水着が脱げてしまいそうでし
た。
「エンジェルプール」では、写真撮影はガイドさんにお
まかせ。絶壁を生かしたポージングを指示してくれます。

乾季にはさらに端にある「悪魔のプール」に行けるので
すが、わたしは「天使」で充分でした（笑）

滝でのお楽しみは、夜まで続きます。
ホテルで休憩し、今度はジンバブエ側へ。この日は偶然、
月3日しかない「ルナレインボー」の出現日だったので
す！
ルナレインボーとは、月明かりによって出る虹のこと
（p60）。水量の多い滝でしか見られない貴重な現象です。
しかし条件が合う日とはいえ、必ず見られるとは限りま
せん。ドキドキしながら向かう途中、肌に水しぶきを感
じたので見上げると、空にはうっすらとアーチが！
そこから駆け足で展望台まで向かうと、月に照らされた
滝には、2重の虹が浮かび上がっていました。
その姿は肉眼でもはっきり7色。濃くなったかと思えば
一瞬で消えてしまう光景はまるで魔法のようで、はるば
るここまで来たわたしへのご褒美？と思ってしまいま
した。
これ以外にも、ヘリ遊覧やバンジージャンプなど、さま
ざまな角度から楽しめるヴィクトリアの滝。ぜひ、「世界
三大瀑布」めぐりの最後に訪れることをおすすめします。

Check!

✎ 実際の旅のスケジュール
も大公開！詳しくはp23
をご覧ください。

✎ ヴィクトリアの滝の「ル
ナレインボー」の写真や
アクセスなどの旅行情報を
p60、p62に掲載している
のであわせてご参照を。

ザンビア側から見たヴィ
クトリアの滝。この右側
の上部に「エンジェルプ
ール」があります。

ザンビア
ジンバブエ
ヴィクトリアの滝

絶景 02　モン・サン・ミッシェル　フランス

ノルマンディー地方にある、サン・マロ湾の岩山に建てられた修道院。四方を海に囲まれ満潮時に孤島になることから、かつて要塞や監獄として使われた歴史をもつ。上の写真を撮影したのは現地で「Les Méandres」と呼ばれている湿地帯で、潮が満ちると左右対称に蛇行した美しい小川が現れることから、近年新スポットとして話題になりつつある。「Les Méandres」はフランス語で"蛇行"という意味。

絶景　03　イルリサット・アイスフィヨルド　デンマーク

北極圏に位置する町・イルリサットにある氷河で埋め尽くされた入江。世界最速レベルの氷河があり、崩れ落ちた巨大な氷山が洋上に数多く存在する。氷山は大きいものだと水面からの高さが30m、ビル10階分もあり、クルーズや遊覧飛行から見ることができる。「フィヨルド」は氷河が作り出した複雑な湾の地形のことで、「イルリサット」はグリーンランド語で「氷河」という意味。

モン・サン・ミッシェル

海に囲まれた修道院へ続く
美しい小川の巡礼道

フランス

モン・サン・
ミッシェル

絶景へのご案内

フランス西海岸のサン・マロ湾にある
モン・サン・ミッシェルへは、パリか
ら鉄道とバスを乗り継いで行くのが一
般的。ただ、片道3時半〜4時間半か
かるので、パリから日帰りするならツ
アーを利用するのがおすすめだ。旅程
にゆとりがあるなら、パリのモンパル
ナス駅から電車（TGV）でレンヌ駅かサ
ン・マロ駅まで行き、1泊して翌日バス
でモン・サン・ミッシェルを目指すの
も楽しい。ちなみにレンヌ駅、サン・
マロ駅ともに島外モン・サン・ミッシ
ェルバス停までの所要時間は約1時間
15分。ただ、どちらもバスの本数は
限られているので、事前にチェックし
てから行こう。

こんな旅 > 4泊7日

たとえば

1日目	成田 →（機中泊）
2日目	パリ → 市内で街歩きやグルメを楽しむ（パリ泊）
3日目	電車でレンヌへ → レンヌの街を観光（レンヌ泊）
4日目	レンヌ → バスでモン・サン・ミッシェルへ・「Les Méandres」に行き、小川越しにモン・サン・ミッシェルを鑑賞 → バスと電車でパリへ（パリ泊）
5日目	ルーヴル美術館やオルセー美術館などで美術鑑賞（パリ泊）
6日目	パリ →（機中泊）
7日目	成田着

みきてぃさん（@mikimisaki0220）
「Les Méandres」を訪れたときは小川に水がな
くてカラカラだったけど、偶然にも羊が放牧さ
れるタイミングで！羊の大群がモン・サン・ミ
ッシェルに向かう姿はまさに絶景。朝露の降り
た草むらを朝日が照らす姿も幻想的でした〜！

おすすめの季節

夏

札幌より北にあるモン・サン・ミッシェルは
夏以外はかなり寒い。また、夏場は日が長い
のでゆっくり観光できる。ただ、一般に5
〜10月は観光客も多く公共交通機関も混み
合う。時間にゆとりを持って計画を立てよう。

旅の予算

約37万円から

パリ、レンヌのホテルの宿泊料金は各1泊
約2万7000円〜、1泊約2万円〜。パリか
らレンヌまでの電車料金は片道約9000円。
レンヌからモン・サン・ミッシェルまでのバ
ス料金は片道2500円。モン・サン・ミッ
シェル修道院の入場料は約1700円。

旅のポイント

モン・サン・ミッシェルは、夏場は混み合う
ので、何を見たいか事前に決めて行こう。蛇
行する小川の写真が撮れる「Les Méandres」
は、観光案内所から徒歩30分ほどの距離に
ある牧草地。小川に水が張った状態で撮影
するなら、満潮時に訪れるとよい。現地の
観光案内所のHPで満潮の時間を調べられる。
ot-montsaintmichel.com/marees/

More Fun!
+α のお楽しみ

さまざまな時代の建築が美しく共存

モン・サン・ミッシェルの魅
力は壮麗な外観だけではな
い。1300年という長い時間
のなかでさまざまな形で利
用されてきた建物は、各時
代の建築様式を今に伝える
まさに"建築博物館"。ゆっ
くり楽しもう

栄養たっぷりふわふわオムレツ

モン・サン・ミッシェルのグルメといえば「ラ・メール・
プラール」のオムレツ。モン・サン・ミッシェルに店を
構えるプラール夫人が、苦難を乗り越えてモン・サン・
ミッシェル修道院にたどり着いた巡礼者たちのために、
栄養たっぷりの食事を提供したいと考えて考案したもの
と言われている。今はオムレツ単品では注文できな
いが、コースを頼めば食べることができる。

美味しいシーフードと
中世の街並みを楽しむ

フランス・ブルターニュ地方の中心都市とし
て知られるレンヌは、サン・ピエール・ド・
レンヌ大聖堂やモルドレーズ門といった文化
遺産が多いことで知られる。また、ブルター
ニュグルメの宝庫でもあり、オマール海老な
どのシーフードが特に有名だ。さらに、木組
みの建物が多く建ち並ぶ旧市街は、散歩にぴ
ったり。中世の面影を宿したレンヌで、ひと
とき、非日常を味わってみては？

おまけ　カフェやレストラン、お土産物店が数多く立ち並ぶグランド・リュは、モン・サン・ミッシェルのメイン
ストリート。ただし、幅2mほどしかない狭い通りなので、昼間は観光客でかなり混んでいる。おすすめ
は朝早い時間帯で、ゆっくり中世の街並みを楽しむことができる。

絶景 03　デンマーク

イルリサット・アイスフィヨルド

轟音をあげて崩れ落ちる
その瞬間をこの目で見たい

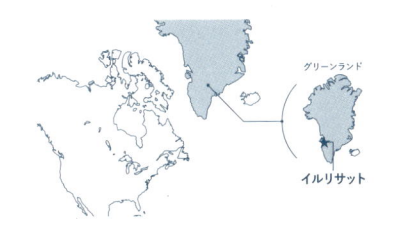

グリーンランド

イルリサット

絶景へのご案内

デンマーク領グリーンランドの西岸に位置するイルリサットは、イルリサット・アイスフィヨルドに隣接する街。アイスランドのレイキャヴィークから約3時間30分、またはコペンハーゲンからカンゲルルススアークなどを経由してイルリサット空港へ到着する。街のホテルからも氷山が見られるが、間近で見るならぜひ氷山クルーズへ。イルリサットにはバスやタクシーなどの公共交通機関はないので、アクティビティを希望するならあらかじめツアーに申し込みしておくのがおすすめ。

> たとえば

こんな旅 > 5泊7日

1日目	羽田 → ドバイで乗り継ぎ → コペンハーゲン（コペンハーゲン泊）
2日目	コペンハーゲン → カンゲルルススアーク → イルリサット（イルリサット泊）
3日目	現地ツアーに参加して氷山クルーズ → 市内を散策（イルリサット泊）
4日目	氷河を見ながらトレッキング → 白夜クルーズを楽しむ（イルリサット泊）
5日目	イルリサット → カンゲルルススアーク → コペンハーゲン（コペンハーゲン泊）
6日目	コペンハーゲン → ドバイで乗り継ぎ（機中泊）
7日目	成田着

❤ 詩歩
パタゴニアやアイスランドで氷河を見てきましたが、洋上にこんなに浮かぶ氷河は見たことない！ 船、空、地上。いろいろな角度から堪能してみたいです。

おすすめの季節

6月から8月

ベストシーズンは夏場で、世界中から観光客が訪れる。なお、グリーンランドは5月下旬から7月下旬は太陽が沈まない白夜となり、夜間でもクルーズが運航される。

旅の予算

約72万円から

コペンハーゲンのホテルの宿泊料金は1泊約2万円～。イルリサットのホテルの宿泊料金は1泊約2万5000円～。氷山クルーズの料金は約2万円～。白夜クルーズの料金は約1万3000円～。

旅のポイント

夏場の白夜の氷山クルーズは、通常とは異なる風景と出合えるので、ぜひ体験したい。また、イルリサットはオーロラの街としても有名で、9月～4月中旬はオーロラ鑑賞ツアーも催行される。冬場に訪れるなら防寒対策に加え、スノーブーツや滑り止めつきの防水トレッキングシューズなどの用意をしていこう。

More Fun!

+α の
お楽しみ

北極圏の野生動物と
出会えることも！

1年を通して氷と雪に覆われているグリーンランド・イルリサット。氷山クルーズなどでは、ホッキョクグマやトナカイ、アザラシといった野生動物と遭遇するチャンスも。

カラフルな街並みを眺めながら
お散歩はいかが？

時間が空いたらイルリサットの街をぶらぶらするのも楽しい。フェリーターミナル近くの魚市場やスーパーを覗くと現地の暮らしを肌で体験できる。街の歴史に興味がある人は、市場の近くにあるクヌート・ラスムッセン博物館を訪れてみて。

ビル10階相当の
氷山が目の前に

北半球で最も多くの氷山を生み出し、世界遺産にも登録されている「イルリサット・アイスフィヨルド」。海面からの高さが30mを超える巨大な氷山があちらこちらに浮かび、クルーズでは迫力ある光景を目の当たりにすることができる。

 日本からイルリサットまでの行程で、乗り継ぎ空港に利用されることが多いコペンハーゲン。時間が許せば、色とりどりの建物が軒を連ねる港町・ニューハウンを訪れてみよう。運河沿いにはレストランなどが軒を連ね、ランチやひと休みにぴったり。コペンハーゲン中央駅から徒歩約25分。

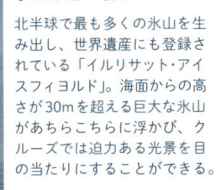

015

絶景　04　ツィラータール橋　オーストリア

オーストリア西部チロル州のツィラー渓谷にかかる吊り橋。標高2388m地点に立つ山小屋オルペラーヒュッテの近くにあり、約1.5〜2時間のハイキングで行くことができる。橋は長さ約20mで、眼下にはターコイズ色に輝くシュレーゲイスシュタウ湖や3000m級の山々を見渡すことができる。橋は湖ではなく小川を渡るために作られたもので、実際の高さはわずか5mほど。

絶景　05　モントルー・クリスマスマーケット　スイス

スイス南西部、レマン湖のリゾート地として有名なモントルーで開催されるクリスマスマーケット。クリスマスの準備期間であるアドベントにあわせて約1か月開催され、山小屋のようなかわいい屋台が170軒ほど立ち並ぶ。特に近年注目されているアトラクションが「空飛ぶサンタクロース」。毎晩定時になるとソリに乗って颯爽と空中を駆け抜けるサンタクロースを見て楽しむことができる。

絶景 04　オーストリア

ツィラータール橋

アルプスの風景が貸切状態！
ここは絶景の特等席

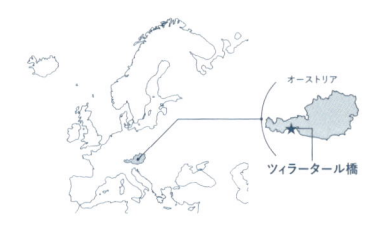

オーストリア

ツィラータール橋

絶景へのご案内

拠点となるチロル州の州都・インスブルックへは、東京からの直行便がないのでミュンヘンなどを経由して向かう。インスブルックから鉄道でイェンバッハに行き、ツィラータール鉄道に乗り換えて約1時間で、リゾート地・マイヤーホーフェンへ。マイヤーホーフェンからはレンタカーまたは4102番のバスでシュレーゲイスシュタウ湖（Schlegeis Stausee）に行き、駐車場またはバス停から湖沿いに15分ほど歩くとオルペラーヒュッテへの登山口が見えてくる。約2時間山道を進み、オルペラーヒュッテへ。さらにヒュッテの裏手から約10分登るとツィラータール橋に到着する。

たとえば

こんな旅 > 4泊6日

1日目	羽田 → ミュンヘンで乗り継ぎ → インスブルック（インスブルック泊）
2日目	電車でマイヤーホーフェンに移動 → バスでシュレーゲイスシュタウ湖へ → ツィラータール橋までハイキング（マイヤーホーフェン泊）
3日目	電車でインスブルックへ・市内を散策する（インスブルック泊）
4日目	ハプスブルク家関連の施設などを見学 → （インスブルック泊）
5日目	インスブルック → ミュンヘンで乗り継ぎ → （機中泊）
6日目	羽田着

おーとさん
（「夫婦で歩くスイスアルプス」サイト管理人）

ダム近くのバス停からオルペラーヒュッテまでは片道1時間半〜2時間の登り。整備された遊歩道だけど天気の安定した日がおすすめ。

おすすめの季節

6月から9月

6月は野山に咲く美しい花を見ることができる。また9月までは温暖な気候なので、トレッキングやアウトドアのアクティビティにも最適なシーズン。

旅の予算

約32万円から

インスブルックとマイヤーホーフェンのホテルの宿泊料金は1泊約2万円〜。インスブルックからイェンバッハまでの電車料金（往復）は約7200円。イェンバッハからマイヤーホーフェンまでの電車料金（往復）は約3300円。マイヤーホーフェンからシュレーゲイスシュタウ湖までのバス料金（往復）は約2800円。

旅のポイント

ハイキングコース入口からツィラータール橋までは徒歩1時間半〜2時間ほど。岩場の多い山道なのでハイキングに適した靴が◎。橋はSNSで話題になったこともあり、写真撮影は順番待ちになることも。多少空いている平日がおすすめ。オルペラーヒュッテではチロル料理も楽しめるので休憩に立ち寄りたい。なお、オルペラーヒュッテの営業期間は天候にもよるが6〜9月前後。

スキージャンプ台から下界を望む？

オリンピックの舞台となった「ベルクイーゼル・スキージャンプ台」はインスブルックのシンボル。高さ749mのジャンプ台にはケーブルカーとエレベーターで登ることができ、展望テラスとカフェも併設されている。デザインはザハ・ハディド氏。

More Fun!
+αのお楽しみ

足を延ばして美しいチロルの村へ

インスブルックの郊外に位置する、木造の家と花が咲き乱れるテラスが美しいアルプバッハは、典型的なチロルの村。「ヨーロッパで一番美しい花の村」に選ばれたこともある。

©Alpbachtal Tourismus/Bernhard Berger

絶対食べたいウィンナーシュニッツェル

子牛の肉や豚肉を叩いて伸ばし、パン粉をまぶして揚げたオーストリアの伝統料理。サクサクの食感が◎。

©Österreich Werbung/Wolfgang Schardt

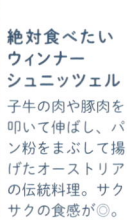

©Oesterreich-erbung/Peter-Maier

おまけ　オーストリア料理は、近隣の国々の料理文化を融合させ発展してきた。オーストリア人お気に入りの飲食施設は、ワイナリーに併設された居酒屋「ホイリゲ」や、数十種類ものコーヒーやケーキ、食事が楽しめる「カフェ」、昔ながらの大衆レストラン「バイスル」。いずれもオーストリアの家庭料理が食べられる。

絶景 05　スイス

モントルー・
クリスマスマーケット

世界でここだけ!?
空を飛ぶサンタに会える街

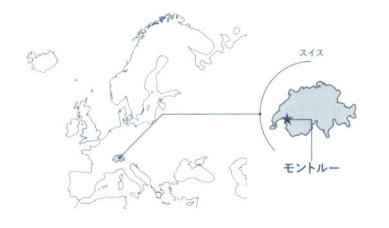

スイス

モントルー

絶景へのご案内

モントルーへ行くための最寄りの国際空港はジュネーブ国際空港。日本からの直行便はなく、ドバイやドーハなどを経由する必要はあるが、所要時間は短ければ片道15〜20時間ほど。ジュネーブ国際空港からモントルーまでは、スイス連邦鉄道（スイス国鉄）でおよそ1時間。モントルーは小さな街なので、徒歩あるいは公共バスで気軽に巡ることができる。クリスマスマーケットが催されるのはレマン湖岸だが、期間中は市内や周辺でもさまざまなイベントが開催され、賑わう。「スイスのリヴィエラ」とも呼ばれるエレガントなリゾートで、特別なクリスマスを体験してみよう。

たとえば
こんな旅 > 4泊6日

1日目 羽田 → ドバイで乗り継ぎ → ジュネーブへ → スイス国鉄でモントルーへ（モントルー泊）

2日目 クリスマスマーケットに行くなど、モントルーのクリスマスを楽しむ（モントルー泊）

3日目 レマン湖畔の古城、シヨン城を見学（モントルー泊）

4日目 登山鉄道でロッシェ・ド・ネヘ・サンタクロースの家を訪問（モントルー泊）

5日目 モントルーを散策 → ジュネーブ → （機中泊）

6日目 ドバイで乗り継ぎ → 羽田着

> **詩歩**
> 同じくレマン湖に面するヴヴェイはコーヒーで有名なネスレの本社がある町。湖に巨大なフォークが突き刺さったユニークなアート作品もあるので、芸術好きなら、ぜひ訪れて。

おすすめの季節

11月から12月

クリスマスマーケットは例年11月後半〜12月24日に開催。丸太小屋の屋台や仮設レストランで、フォンデュやスイーツなど、さまざまなフードを食べ歩くのも楽しい。
montreuxnoel.com/

旅の予算

約30万円から

モントルーのホテルの宿泊料金は1泊約1万4000円〜。ジュネーブ国際空港からモントルーまでのスイス国鉄の料金は片道約5000円。

旅のポイント

モントルーのクリスマスマーケットの最大の見どころは、レマン湖畔に立ち並ぶ約170軒の山小屋風の屋台。美しいクリスマスのデコレーションや手作りの小物など眺めながら、大切な人へのプレゼントを探すのも楽しい。大人も子どもも楽しめるクリスマスマーケットで、今では約42万人が訪れる人気のイベントとなっている。

More Fun!
+αのお楽しみ

山の上に登場
サンタクロースの家

モントルーから登山鉄道に乗って約1時間。標高2042mのロッシェ・ド・ネにはサンタクロースの家が登場。サンタクロースと会えるなど、子どもたちに人気のイベントも。

名城で名高いシヨン城で
中世のクリスマスを体験

レマン湖畔の岩の上に建てられたシヨン城は、12世紀半ばから13世紀にかけて城の基盤がつくられ、13〜16世紀にサヴォイア公の居城として発展した。12月の第1、第2、第3週の週末には、中世祭りを開催。当時の衣装を身につけた人々が、中世のマーケットを再現している。モントルー駅から公共バスで5〜15分。

クイーンのボーカル、
フレディ・マーキュリーと出会う

モントルー駅から歩いて10分ほどのレマン湖畔には、高さ約3mのフレディ・マーキュリーの銅像が建つ。フレディは美しい自然や静かな環境が気に入り、この街に家とレコーディング・スタジオを購入。亡くなる2週間前までこの地でレコーディングを続けた。スタジオは、2013年にクイーン関連のコレクションなどを展示する博物館として復活している。

おまけ

クリスマスマーケットの一角には、「願いごとの館（Maison des Voeux／メゾン・デ・ヴ）」と名付けられたコーナーも。願いごとを紙に書いてツリーに吊るすことができ、世界中の言葉で綴られた紙が飾られている。モントルーのサンタさんに願いを託してみては？

絶景　06　　フーサー高原のブランコ　トルコ

トルコ北東部リゼ県チャムルヘンシンのフーサー高原に設置されたブランコ。標高およそ2400m地点にあり、気温の寒暖差が大きい早朝や夕方の晴天時には頻繁に雲海が発生する。ブランコはカフェの敷地内にあり、一面の雲海に飛び込むかのような壮大なスイングを楽しむために、各地から観光客が集まっている。高原までの道は整備されていないため、ツアーに参加するのがおすすめ。

絶景 06　トルコ

フーサー高原のブランコ

雲海の中に飛び込む
大人のためのブランコ

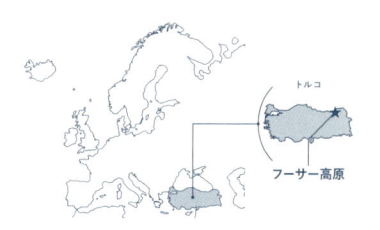

トルコ

フーサー高原

絶景へのご案内

黒海沿岸にあるリゼに一番近い空港はトラブゾン空港。日本からはまずイスタンブールに向かい、国内線に乗り換えて1時間45分ほどでトラブゾンに到着する。ブランコが設置されているフーサー高原は、トラブゾンの中心地から約174km。車で海沿いの道を延々と走り、アルデシェンで南へ。フィルティナ川に沿って進み、山間部に入る（所要時間約3時間30分）。山道の途中にはかなりの難路もあるので四輪駆動車で、かつ運転技術もないと難しい。現地ツアーに参加するのがおすすめ。

たとえば
こんな旅 > 4泊6日

1日目	成田 → イスタンブール（イスタンブール泊）
2日目	イスタンブール → トラブゾンへ・城塞や旧市街などを散策する（トラブゾン泊）
3日目	ツアーに参加し、フィルティナ渓谷などを散策 → フーサー高原で雲海を眺めながらブランコ → トラブゾン（トラブゾン泊）
4日目	トラブゾン → 飛行機でイスタンブールへ・ガラタ橋、アヤソフィア、ブルーモスクなどを観光する（イスタンブール泊）
5日目	グランドバザールでショッピング → イスタンブール → （機中泊）
6日目	成田着

👁 詩歩

イスタンブールはアジアとヨーロッパにまたがる文化の交差点。2023年に旅行した動画をわたしのYouTubeに投稿しているので、ぜひチェックしてね！「詩歩の絶景vlog」youtube.com/user/zekkeichannnel

おすすめの季節

6月から10月

標高2400mのフーサー高原は10月下旬頃から積雪があり、5月にかけて雪に覆われる。ツアーの催行期間は旅行会社に問い合わせを。

旅の予算

約25万円から

イスタンブールのホテルの宿泊料金は1泊約6000円〜、トラブゾンのホテルの宿泊料金は1泊約9000円〜。トラブゾン発のフーサー高原ツアーは約5100円〜。

旅のポイント

雲海が発生するかどうかは気象条件による。山は天気が変わりやすく平地よりも気温が低いので、雨具や防寒着などを用意していこう。現地の様子はブランコを設置しているフーサー高原の「kafe sis denizi（雲海カフェ）」のインスタグラムで見ることができる。instagram.com/huseryaylasi_kafesisdenizi/

More Fun!
+α のお楽しみ

黒海特産！
海の幸を楽しむ

黒海はさまざまな海産物が採れるが、東部ではハムシと呼ばれるカタクチイワシを使った料理が有名。ハムシのから揚げや、ごはんの上にイワシを敷き詰めてオーブンで焼いたハムシピラフなどが人気。

日本と関係が深いトルコティー

トラブゾンから東に約80km、フーサー高原に行く途中にあるリゼはお茶が名産。ちなみにトルコのお茶栽培は、1787年に日本から来たお茶の苗を植えたことが始まり。リゼでは1924年に栽培を開始し、今や一大産地に。

お土産探しは
グランドバザールで

イスタンブールの旧市街にあるグランドバザールは、タイル、ランプ、キリムから香辛料、お菓子、化粧品まであらゆるものが揃う。値段交渉もお楽しみのひとつ。

©goturkiye

おまけ　トルコの黒海沿岸は風光明媚な地域。古代の要塞といった歴史的な観光地や美しいビーチが数多くあり、森や滝などの自然も豊かで、各種アクティビティやスポーツが楽しめる。CNN travelが選ぶ「2024年に訪れるべき最高の場所」にランクインもしており、今後注目の旅先となりそう。

ヴィクトリアの滝＆ナミブ砂漠コース

ジンバブエ・ザンビア・ナミビア

P11のコラムで綴った
ヴィクトリアの滝を含
む、5泊8日のアフリ
カ旅のスケジュールと
Tipsをご紹介します。

時間のロスやトラブルを避けるた
めに、現地ガイドやドライバーは
日本ですべて事前に手配。治安も
心配だったけど問題も起きず、効
率よくめぐることができました。

Schedule
旅のスケジュール

Day1	日本	成田空港
		↓ エチオピア航空 (約17時間15分)
Day2	エチオピア	アディスアベバ・ボレ国際空港
		↓ エチオピア航空 (約4時間40分)
	ジンバブエ	ヴィクトリアフォールズ空港
		↓ 車でホテルへ (約30分)
		ホテルにチェックイン
		↓
		ザンベジ川サンセットクルーズ
		Victoria Falls Safari Lodge 泊
Day3		ホテルで朝食
		↓
	ザンビア	ジンバブエからザンビアへ国境越え
		ヴィクトリアの滝・ザンビア側ツアー ★1
		↓
		リビングストン島へ上陸・エンジェルプール体験 ★2
		リビングストン島で昼食
		↓
	ジンバブエ	ザンビアからジンバブエへ国境越え
		ヴィクトリアの滝・ルナレインボーツアー ★3
		Victoria Falls Safari Lodge 泊
Day4		ホテルで朝食
		↓
		ヴィクトリアの滝・ジンバブエ側ツアー
		↓
		ヴィクトリアフォールズ空港
		↓ ディスカバリー航空 (約2時間10分)
	ナミビア	ウィントフック・ホセア・クタコ空港
		The Windhoek Luxury Suites 泊
Day5		ホテルで朝食
		↓ 約5時間のドライブ
		ナミブ砂漠へ向けて出発 ★4
		↓
		ホテルにチェックイン・昼食
		↓
		ナミブ砂漠で夕陽鑑賞 (Dune45)
		↓
		ホテルで夕食
		ホテル敷地内で星空観賞
		Dead Valley Lodge 泊
Day6		日の出前にホテルを出発 ★5
		↓
		デッドフレイ、ソススフレイ散策
		↓
		ホテルに戻って昼食・休憩
		↓
		Dune45へ再び向かう
		↓
		ホテルで夕食
		Dead Valley Lodge 泊
Day7		ウィントフックへ向けて出発
		↓ 約5時間のドライブ
		ウィントフック・ホセア・クタコ国際空港
		↓ エチオピア航空 (約5時間50分)
	エチオピア	アディスアベバ・ボレ国際空港
		↓ エチオピア航空 (約15時間30分)
Day8	日本	成田空港

Point
旅のポイント

★1 滝を真正面から眺める
ならジンバブエ側、真
横から眺めるならザン
ビア側。写真の撮りや
すさは当日の水量や風
向きで大きく変わりそ
う。

★2 リビングストン島へは
ザンビア側からボート
で上陸します。「エン
ジェルプール」に入れ
るのは、水量が安定し
ている日のみ。

★3 ルナレインボーが出現
する可能性があるのは、
満月を含む前後3日の
夜だけなのでスケジュ
ールを組む際に注意！
詳細はp62を参照。

★4 首都からナミブ砂漠へ
の移動手段はないため、
ガイド兼ドライバーを
3日間チャーター。食
事もすべてホテルで済
ませました。

★5 デッドフレイのある国
立公園は夜間閉まるの
で、朝日を見るには公
園内にある施設での宿
泊が必須。数が少ない
ので早めの予約を。

関空出発ならソウル
経由でエチオピアへ。
エチオピア航空の直
行便で一気にアフリ
カへ行けます (約15
時間30分)

野生のカバの群れに
遭遇！

サバンナが見える部
屋で大満足

事前に空港でダブル
エントリービザを取
得しておく

目の前が日本大使館
で安心の立地

オレンジ色に染まる
巨大な砂丘に登頂

肉眼でも天の川がく
っきり！

国立公園内にあるホ
テル

ホテルからデッドフ
レイまで約1.5時間

日の出前に到着して、
朝日の瞬間にしか見
れない絶景を堪能

強風すぎて危険を感
じたので断念

絶景 07　ワトキンス・グレン州立公園の紅葉　アメリカ

ニューヨーク州北西部、都心部から車で4時間30分ほどの場所にある公園。フィンガーレイクスと呼ばれる
11個の湖群の中でもっとも広いセネカ湖の湖畔にあり、19もの迫力ある滝や氷河に削られた渓谷美が見事。
秋には整備された散策路を歩きながら紅葉鑑賞を楽しむことができる。2015年には『USA TODAY』誌の読
者投票で国内6000以上ある州立公園の中から人気第3位に選ばれた。

絶景 08 　ラコツ橋の紅葉 　ドイツ

ドイツ東部、ポーランドとの国境に近い町クロムラウの「ロドデンドロン公園」にある玄武岩の橋。最初の橋は1860年代に約10年間の歳月をかけて建設したと言われており、ラコツ湖の水面に橋のアーチが映り込むような設計が人間技とは思えないことから「悪魔の橋」と呼ばれている。毎年10月下旬ごろには木々が紅葉し、その美しい光景をさらに際立たせる。

ワトキンス・グレン州立公園の紅葉

秋の訪れを告げる
ニューヨークの秘境

ニューヨーク州

アメリカ

ワトキンス・グレン
州立公園

絶景へのご案内

ワトキンス・グレン州立公園はニューヨーク州の北西部にある。湖が指の形のように並ぶことからこの地域は、フィンガーレイクスと呼ばれる。ニューヨークの中心部からワトキンス・グレン州立公園まではレンタカーでI-86 WやNY-414 Nなど主要な道路を乗り継いで向かう。所要時間は約4時間半。ニューヨーク州の豊かな自然景観を堪能できるコースで楽しいドライブとなる。また、公園の周辺地域をめぐる現地ツアーに参加して訪れる方法もある。

たとえば

こんな旅 ＞ 4泊6日

1日目　羽田 → ニューヨーク → （ニューヨーク泊）

2日目　ニューヨーク → 車でフィンガーレイクス地域へ・ワトキンス・グレン州立公園の紅葉を見て園内散策 → （バッファロー泊）

3日目　車でナイアガラの滝へ・遊覧船クルーズを堪能（バッファロー泊）

4日目　バッファロー → 飛行機でニューヨークへ・市内観光を楽しむ （ニューヨーク泊）

5日目　ニューヨーク → （機中泊）

6日目　羽田着

💬 松原佐和子さん

ワトキンス・グレン州立公園は、夏は涼しく、秋は紅葉を楽しめます。トレッキングコースは滝からの水しぶきでぬかるみになっているので、汚れてもいいズボンや靴を履いていくのがおすすめです。

おすすめの季節

10月から11月

葉が赤くなるのは10月の中旬以降。2024年の紅葉を追ったレポートが下記のサイトに掲載されているので、旅の計画の参考にしてはいかが。iloveny.com/things-to-do/fall/foliage-report/

旅の予算

約40万円から

ニューヨークとバッファローのホテルの宿泊料金は約3万円〜。レンタカー代は約12万円（3日間）。

旅のポイント

秋のワトキンス・グレン州立公園は、有名な紅葉スポット。公園内の渓流沿いを歩くと美しい景色が楽しめる。いくつかのトレイルコースがあるが、特に、レインボーフォールの裏側を通ることができるゴージ・トレイルが人気。トレイルを歩くときは適切な服装と靴で。秋の週末は混雑するので、早めもしくは平日の観光がおすすめ。

More Fun!
+αの
お楽しみ

NY州産ワインをお土産に

フィンガーレイクスは、豊かな自然と100軒以上のワイナリーがあることで知られる魅力的な地域。美しい湖畔でのんびりと過ごした後は、ぜひ、地元のワイナリーめぐりを。現地のテイスティングツアーに参加しても。

世界最大級の
ガラスの美術館

ワトキンス・グレン州立公園から車で約30分南下したところにある、コーニング・ガラス美術館。膨大なコレクションやガラス製作の実演などを見学することができる。

世界三大瀑布の
ナイアガラの滝も必見

ワトキンス・グレン州立公園から、ニューヨーク州とカナダの国境にあるナイアガラの滝までは、車で約2時間40分、バッファローに宿泊すれば45分ほど。足を延ばして壮大な風景や滝の近くまで行く遊覧船、風の洞窟などを楽しもう。

写真提供：Corning Museum of Glass

おまけ　車の運転に不安がある、もしくは運転免許を持っていない場合は、マンハッタンのポート・オーソリティ・バスターミナルからナイアガラの滝を訪れる途中に、ワトキンス・グレン州立公園へ立ち寄る1泊2日のバスツアーに参加する方法もある。複数の旅行会社が催行している。

絶景 08　ドイツ

ラコツ橋の紅葉

これは悪魔のしわざ？
美しすぎる正円の橋

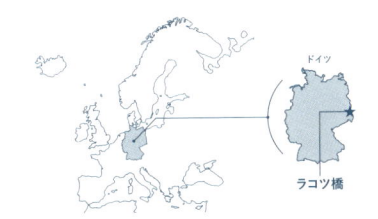

ドイツ

ラコツ橋

絶景へのご案内

ラコツ橋は、ドイツ東部・ザクセン州の町、クロムラウのロドデンドロン公園内にある。東京からはフランクフルトなどを経由してザクセン州にあるドレスデン国際空港に向かう。空港からドレスデン中央駅までは電車で約12分。また、ベルリンから列車で2時間ほど移動してドレスデンに行く方法もある。ドレスデン市内から公園までは、車で約1時間45分。公共交通機関で行くなら、ドレスデン中央駅から電車で2時間30分ほどのヴァイスヴァッサー駅へ。バス257に乗り、クロムラウ停留所で下車し、徒歩約10分。

たとえば
こんな旅 ＞ 4泊6日

1日目	羽田 → ミュンヘン → ドレスデン（ドレスデン泊）
2日目	電車とバスでクロムラウへ → ロドデンドロン公園を散策し、ラコツ橋を見学（ドレスデン泊）
3日目	マイセンで磁器工房見学（ドレスデン泊）
4日目	カトリック旧宮廷教会やドレスデン城など旧市街の建築めぐり → マルクト・ハレでショッピング（ドレスデン泊）
5日目	ドレスデン → フランクフルト → （機中泊）
6日目	羽田着

🚶 詩歩

拠点になるドレスデンは国境近くに位置する町。隣接するチェコの首都プラハへは片道2時間ほどでアクセスできるので、日帰りでももう1か国観光してみるのも楽しそう！

おすすめの季節

秋

豊かな自然に包まれた公園は、四季折々の見どころがあり、花々が咲き誇る春〜夏もおすすめだが、特にラコツ橋の美しさが映えるのは、木々が紅葉に染まる秋。

旅の予算

約36万円

ドレスデンのホテルの宿泊料金は1泊1万5000円〜。ドレスデン国際空港からドレスデン中央駅までの電車料金（片道）は約360円。ドレスデン中央駅からヴァイスヴァッサーまでの電車料金（往復）は約9600円〜。

旅のポイント

玄武岩の柱が完璧な放物線を描くラコツ橋。人智が生み出したアーチ型の橋と大自然の美景のコラボレーションに触れられる。なお、橋の上は歩行禁止で、鑑賞のみ。ちなみに公園名の「ロドデンドロン」を日本語に訳すと「ツツジシャクナゲ」。初夏から夏にかけてはシャクナゲやツツジが公園を夏色に染め、秋とはまた違う美しさを見せてくれる。

More Fun!
+αのお楽しみ

ヨーロッパ最古の
硬質磁器誕生の地、マイセン

ドレスデンからドイツ鉄道（DB）で30分ほどの古都、マイセンには、ドイツの名窯「国立マイセン磁器製作所」の工房があり、日本語の音声ガイド付きで磁器制作のデモンストレーションを見ることができる。また、美術館やショップ、アウトレット、カフェ＆レストランなども併設。

meissen.com/int/tourism

600年近い歴史を持つ
クリスマスマーケット

旧市街のアルトマルクト広場で開催される「ドレスデン・シュトリーツェルマルクト」は、ドイツ3大クリスマスマーケットのひとつ。マーケットの目印は、世界最大とされる高さ約14mのクリスマスピラミッド。日が暮れるとライトアップされ、存在感はさらに増す。マーケットは11月末に始まるので、タイミングが合えば本場のクリスマスマーケットを体験してみては？

マイセン磁器の装飾が施された
内観も美しい

ドレスデンの旧市街に建つカトリック旧宮廷教会は、ドレスデン・マイセン教区の大聖堂。現在は、「大聖堂」や「宮廷教会」などと呼ばれている。バロック様式の屋根の上には78体の聖人の像が並び、目を引く。重厚感のある外観とは異なり、白い壁に磁器の装飾が施された内装は開放的な印象。隣接するドレスデン城とともに訪れてみよう。

おまけ

観光の最後はショッピングで締めくくろう。ノイシュタット地区（新市街）のマルクト・ハレは、市民もよく利用するモール。同地区にあるクンストホーフ・パッサージュは若者に人気のアートスポットだが、雑貨店やレストランなども入っていて、独特の空間を楽しみながら買い物や食事ができる。

絶景 09　クリスタル・アンド・ファンタジー・ケイブス　バミューダ諸島

北大西洋に浮かぶ英国海外領土バミューダ諸島にある地下鍾乳洞。1907年に地元の少年によって偶然発見された洞窟で、写真の「クリスタル洞窟」と「ファンタジー洞窟」の2つがある。3000万年以上の時間をかけて作り出された洞窟内には青く透き通った地底湖があり、その浮橋を歩くと頭上から垂れ下がる無数の鍾乳石や、地面から伸びる石筍を楽しむことができる。

絶景 10　ストゥズラギル渓谷　アイスランド

アイスランド東部にある、高さ20〜30m、長さ約500mの渓谷。氷河の移動や川の氾濫によって形成された
地形で、2009年にダムが完成するまでは人が近づけない危険なエリアだった。ストゥズラギルとは現地語で
「玄武岩の柱」を意味し、細長く分離した柱状節理の岩壁がとても美しい。渓谷を流れる川の色はダムの放水
状態によって変化し、とくに春から初夏にかけて青緑色に輝く光景が見られる。

絶景 09　バミューダ諸島

クリスタル・アンド・ファンタジー・ケイブス

悠久の時空を超え
発見された神秘の洞窟

バミューダ諸島

クリスタル・アンド・
ファンタジー・ケイブス

絶景へのご案内

日本からバミューダでの直行便は就航していないため、乗り継ぎが必要。アメリカ主要都市などの空港で乗り継ぎバミューダ国際空港へ向かう。バミューダ島の東端にあるクリスタル・アンド・ファンタジー・ケイブスには、古都セントジョージの町からバスに揺られること約10分、首都ハミルトンからは同様にバスに乗り30分ほどで着く。バス停を降りたら駐車場を目指して歩くとタクシー乗り場の手前に、チケットオフィスと入口がある。

たとえば
こんな旅 > 3泊7日

1日目	成田 → 香港で乗り継ぎ → ニューヨーク（空港泊）
2日目	ニューヨーク → バミューダへ・ハミルトンの街を散策（ハミルトン泊）
3日目	クリスタル・アンド・ファンタジー・ケイブスや王立海軍造船所を見学（ハミルトン泊）
4日目	ギブス・ヒル灯台で絶景を見て、ホースシュー・ベイ・ビーチでまったり（ハミルトン泊）
5日目	バミューダ → ニューヨークで乗り継ぎ（空港泊）
6日目	→ 香港で乗り継ぎ（機中泊）
7日目	→ 成田着

🚶 詩歩

ニューヨークから2時間ほどのフライトで行くことができるバミューダ島。その近さからリゾート地として人気ですが、私はどうしても「バミューダ・トライアングル」が頭をよぎってしまいます（笑）

おすすめの季節

11月から5月

ビーチを訪れる旅行客が多いのは7〜9月だが、11〜5月は平均気温18〜22℃と過ごしやすく、湿気も少ないので観光中心の旅程向き。また年間を通して最も晴天率が高いのは4月になる。

旅の予算

約35万円から

バミューダの宿泊料金は1泊約3万円〜。クリスタル・アンド・ファンタジー・ケイブスの入場料・コンビネーションチケットは約5250円。

旅のポイント

クリスタル・アンド・ファンタジー・ケイブスにはガイドと一緒に中に入り見学する。ガイドツアーは9：30から開始。片方の洞窟を訪れるツアーは毎正時と30分に出発し、所要時間35分で、16：30が最終。両方の洞窟を訪れるツアーは所要時間1時間15分で、16：00が最終。事前予約がおすすめ。靴は滑りにくいものが望ましい。

More Fun!
+α の
お楽しみ

名産のラム酒を効かせたケーキをお土産に

バミューダのお土産の定番はラムケーキ。なかでもクルーズ船が寄港するドッグヤードに店を構える「バミューダ・ラムケーキ」は有名。作り立てのラムケーキの試食もできる。

絵本に出てくるようなピンクのビーチ

バミューダにはピンク色の砂のビーチが点在するが、ピンクの正体はサンゴ。代表的なピンクのビーチはホースシュー・ベイ・ビーチだが、ワーウィック・ロング・ベイ、エルボウ・ビーチもおすすめ。

バミューダを一望できるギブス・ヒル灯台

1844年竣工、世界でも数少ない鋳鉄製の灯台のひとつ。灯台の一番高い場所まで185段の階段を上れば、360度バミューダの街並みや海を眺望できる。

おまけ　バミューダ島内の移動に関しては、公共バスの路線が主要道路をカバーしており、20〜30分ごとにハミルトンを出発するので、観光にもとても便利。原付バイクや2人乗りの電気自動車のレンタルもある。またタクシーの配車サービスも行われている。

絶景 10　アイスランド

ストゥズラギル渓谷

人間を寄せ付けない
そそり立つ絶壁の渓谷

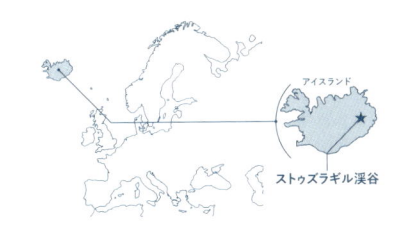

アイスランド

ストゥズラギル渓谷

絶景へのご案内

ストゥズラギル渓谷の最寄りの空港はアイスランド東部のエイイルススタジル空港。日本からは経由便で首都・レイキャビークのケプラヴィーク国際空港に行き、そこからレイキャヴィーク空港へ移動し、国内線でエイイルススタジル空港まで行くこととなる。空港から渓谷までは約70km。車を借りて1号線を北上し、923号線に入って南下。Klaustursel Farmの標識で左折し、東駐車場に車を止める。川を渡り1時間ほど歩くと、渓谷に降りられる場所に到着する。レイキャビークでレンタカーを借りて向かう方法もあるが、片道約8時間かかるので途中の街で1泊するのもよい。

たとえば
こんな旅 > 4泊6日

1日目	羽田 → 北京で乗り継ぎ → コペンハーゲンで乗り継ぎ → レイキャビーク（レイキャビーク泊）
2日目	レイキャビーク → 飛行機でエイイルススタジル → 車でストゥズラギル渓谷へ・玄武岩の柱を鑑賞する（エイイルススタジル泊）
3日目	エイイルススタジル → 飛行機でレイキャビーク → 市内を散歩してストリートアートを見学（レイキャビーク泊）
4日目	チョルトニン湖、ペルトランなどレイキャビークの観光スポットめぐり → バスで世界最大の露天風呂・ブルーラグーンへ（レイキャビーク泊）
5日目	レイキャビーク → コペンハーゲンで乗り継ぎ → （機中泊）
6日目	北京 → 羽田着

💬 Toddyk1 さん
アイスランドの冬は日が短いため移動時間には注意。逆に夏は遅い時間になっても絶景を楽しむことができます。

おすすめの季節

5月から9月

この期間は比較的気候が穏やか。ただし青緑色の美しい水面が見られるのは3〜7月まで。なお、一番暖かい7月でも平均気温は約12℃と肌寒い。天気が変わりやすいので防水・防風機能のある上着が便利。

旅の予算

約38万円から

レイキャビークのホテルの宿泊料金は1泊約2万5000円〜、エイイルススタジルのホテルの宿泊料金は1泊約2万円〜。レンタカー代は1日約2万5000円〜、レイキャビークからブルーラグーンへのバス料金（往復）は約8000円、ブルーラグーンの入場料は約1万円〜。

旅のポイント

ストゥズラギル渓谷周辺は手つかずの自然が残る地域で、観光施設などは整っていない。安全や自然を守ることに留意しながら自己責任で見学を。地盤が脆いのでトレッキングシューズが必須。なお、渓谷の西側からアクセスすることもでき、渓谷には降りられないが、展望台から見学することができる。

More Fun!
+α の
お楽しみ

デザイン
パターンが楽しい
特産のニット

伝統的なアイスランドウールのニットはロパペイサと呼ばれる。軽量だが保温効果に優れ、湿気にも強い。デザインパターンもいろいろ、旅の思い出やお土産にぜひ1枚。

小さな海鳥パフィンは
ご当地アイドル

海鳥のパフィンはアイスランドの国鳥。かわいい姿はお土産のモチーフやぬいぐるみとして人気。パフィンを見にいくツアーもある。

レイキャビークの街を
見渡せるランドマーク

丘の上の複合施設「ペルトラン」。近未来的なドーム型の建物の下にあるタンクには、各家庭やオフィスに供給される、地熱を利用した温水が溜めてある。施設内には博物館や飲食店、街を一望できる展望台がある。

おまけ
酒税が高いアイスランド。現地のお酒を飲みたいなら、空港到着時に荷物をピックアップする前に免税店で購入するのがおすすめ。市内のショップよりもかなり安く買える。キャラウェイシードで香りづけされた蒸留酒「ブレンニヴィン」や、クラフトビールの「カルディ・ラガー」などが人気。

絶景 11 イジェン火山 インドネシア

インドネシアの中心であり、首都ジャカルタがあるジャワ島。イジェン火山はその東部にある活火山で、世界でも珍しい「ブルーファイア（青の炎）」が見られる場所として知られる。この青色は火山から噴出する硫黄ガスが燃えた際に見られる現象で、危険なためツアーへの参加やガスマスクの装着が必須。今でも鉱山労働者が硫黄の採掘を行っている場所でもある。バリ島からツアーで行くことも可能。

絶景　12　　セノーテ・スイトゥン　メキシコ

カンクン郊外に位置する、人気急上昇中のセノーテ。セノーテとは中央アメリカに多く見られる、陥没した鍾乳洞に地下水がたまった天然の泉のこと。ユカタン半島には3000以上あると言われているが、なかでも「セノーテ・スイトゥン」は天井に穴が開いていて、水中のステージに立つと太陽光が差し込み、まるでスポットライトを浴びているような幻想的な光景を見ることができる。

絶景 11　インドネシア

イジェン火山

漆黒の大地からあふれ出した
妖しく光る青の炎

インドネシア

イジェン火山

絶景へのご案内

イジェン火山にはジャカルタ、スラバヤ、バリ島などからアクセスできる。ジャカルタからは飛行機でバニュワンギ空港からスラバヤ空港まで移動し、車でイジェン火山近くの町、ボンドウォソまたはバニュワンギに向かう。バリ島から行く場合はバリ西端にあるギリマヌク港からフェリーでジャワ島バニュワンギのケタパン港に渡る。登山口までは公共交通機関はないので、ベースとなるボンドウォソまたはバニュワンギから車をチャーターして向かう。登山口から火口の頂上付近までは徒歩で1時間半〜2時間、火口内を30分ほど降り、ブルーファイアを見学する。

たとえば

こんな旅 > 4泊6日

1日目	成田 → シンガポールで乗り継ぎ → デンパサール（バリ島泊）
2日目	バリ島 → イジェン火山ツアーに参加・フェリーでジャワ島へ。ホテルへ移動し仮眠（ジャワ島泊）
3日目	夜中にホテルを出発 → イジェン火山登山口に行き、ガイドとトレッキング開始 → 火口到着・ブルーファイアを見学 → 下山 → ジャワ島 → フェリーでバリ島に戻る（バリ島泊）
4日目	ビーチで終日遊ぶ（バリ島泊）
5日目	ツアーに参加し、ティルタエンプル寺院などをめぐる → デンパサール → シンガポールで乗り継ぎ →（機中泊）
6日目	台北で乗り継ぎ → 成田着

詩歩

"危険"と言われるほど行ってみたくなってしまうのが旅人の性。ガスマスクをつけて万全の体制で訪れたです。アクセスしづらいと思っていましたが、バリ島から1泊2日で行くことができるなんて知らなかった！

おすすめの季節

4月から9月

雨天だとブルーファイアが見られないので、4〜9月の乾季に訪れたい。一年を通じて平均気温は25度以上と半袖で過ごせる気候だが、深夜や早朝のイジェン火山はかなり冷え込み、10℃を下回ることも。

旅の予算

約14万円から

バリ島のホテルの宿泊料金は1泊約6000円〜。バリ島発イジェン火山ツアーの料金は約2万円〜。ティルタエンプル寺院ツアーの料金は約1万3000円。

旅のポイント

イジェン山は硫黄ガスが発生し危険なので、登山の際はレンジャー同行のツアーへの参加が必要。火口までの登山道は1本道で迷わずに進めるが、途中険しく危険な岩場もある。管理局により登山者の入山時間が決められており、硫黄ガスの噴出状況次第では入山禁止になることもある。なお、現在インドネシア全域で危険情報が出ている。犯罪などに巻き込まれないように注意を。

More Fun! +αのお楽しみ

バリのおみやげにコーヒーはいかが？

世界第3位のコーヒー生産量を誇るインドネシア。バリ島でも高原地帯で栽培されており、コーヒーの名産地のひとつに数えられる。バリコーヒーのブランドは蝶（クブクブ）のマークの「バタラライ・グローブ」が有名。スーパーなどで購入できる。

聖なる水が湧くパワースポット

ヒンドゥー教のティルタエンプル寺院は、古代より信仰の場としてバリの人びとから崇められてきた。この寺院には天然の泉が湧いており、スピリチュアルなスポットとして有名。規則に従えば観光客も沐浴可能。

プロモ山の火口から日の出を眺める

ジャワ島東部、水田と果樹園に囲まれてそびえたつ、聖なるブロモ山。山の火口から望む日の出を眺めるために、世界中から多くの登山者が訪れる。イジェン火山とプロモ山、2つの火山をめぐるツアーもある。

おまけ

標高2779mのイジェン火山。夜間や早朝は気温が下がる。ブルーファイアを見学する際は、日中どんなに暑くても防寒着と手袋、帽子は必須。また足場の悪い道もあるのでトレッキングシューズかハイキングシューズを履こう。水筒またはペットボトルの水、硫黄ガスから目を守るゴーグルなども忘れずに。

絶景 12　メキシコ

セノーテ・スイトゥン

降りそそぐスポットライトは
天からの贈り物

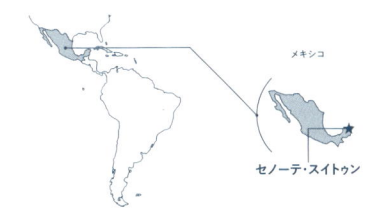

メキシコ

セノーテ・スイトゥン

絶景へのご案内

最寄りの空港はカンクン国際空港だが、日本からの直行便はないので、ダラスやロサンゼルス経由でカンクンに入る。カンクンからセノーテ・スイトゥンまでは約160km、車で約2時間。もしくはバジャドリッドまでADOバスを利用し、タクシーに乗り継いで行く方法もある。駐車場の奥にあるチケット売り場からセノーテ・スイトゥンまでは徒歩で3分ほど。セノーテ・スイトゥンを含め周辺の見どころを効率よく回れる、カンクン発の現地ツアーも開催されている。

たとえば
こんな旅 > 3泊5日

1日目	羽田 → ダラスで乗り継ぎ → カンクン（カンクン泊）
2日目	現地ツアーに参加し、セノーテ・スイトゥンを見学 → セノーテ・サムラでひと泳ぎ → カラフルなバジャドリッドの街を散策 → カンクン（カンクン泊）
3日目	カンクンのアクマルビーチでのんびりした後、プラヤ・デル・カルメンを散歩（カンクン泊）
4日目	カンクン → ダラスで乗り継ぎ → （機中泊）
5日目	羽田着

詩歩

セノーテでは環境保護のために日焼け止めや虫除けの使用が禁止されています。気になる人はラッシュガードなどを着用していきましょう。またセノーテの水源は地下水なので、夏でも水はかなり冷たい!!! 泳ぐときは準備体操と心の準備を。

おすすめの季節

11月から4月

年間300日は晴れるといわれるカンクンだが、5〜10月の雨季は短時間のスコールが降ることも。11〜4月の乾季が観光するのによいシーズン。最高気温は30℃ぐらい、最低気温は20℃ぐらいで過ごしやすい。

旅の予算

約33万円から

カンクンのホテルの宿泊料金は1泊約2万2000円〜。セノーテへのツアー料金は約4万3000円（セノーテ・スイトゥンの入場料を含む）。

旅のポイント

セノーテ・スイトゥンの洞窟に日光が差し込む時間の目安は、9時半以降から15時半ぐらいまで。特に日光がたっぷりと差し込む時刻は正午ごろになるが、この時刻は観光客が多く洞窟の中はかなりごった返す。おすすめは正午より1時間弱前後。比較的人が少なく、晴天の日なら太陽光も十分差し込む。

More Fun!
+αのお楽しみ

ちょっとピリ辛、メキシコ料理

メキシコ料理は、先住民の料理が基となり、スペインの影響も受けながら発展した。小麦粉やトウモロコシの粉で作るトルティーヤが主食。唐辛子（チリ）を多用するのも特徴。

美しい海辺に佇むトゥルム遺跡

カンクンからトゥルム遺跡へは、海沿いの国道307号をひたすら南下する。トゥルムはマヤ文明の頃に栄えた港町で、当時の神殿などさまざまな建物が見られる。また、ここから望む美しいカリブ海も必見。

注目の街 プラヤ・デル・カルメン

プラヤ・デル・カルメンはカンクンから車で30分ほど南下したところにある注目の街。おしゃれなブティックや雑貨屋、レストランなどが軒を連ねる。ダイバーの憧れ、コスメル島にもここの港からフェリーで行く。

おまけ

マヤ文明は4〜9世紀に、ユカタン半島を中心にグアテマラにかけて栄えた古代文明である。文明はかなり高度で暦法、絵文字を持ち、神殿やピラミッドの建築、天文学・天体観測を行っていた。また、ユカタン半島北部は低地で川や湖がないため、セノーテは暮らしを支える水の供給源であり、神聖なものとみなされていた。

絶景 13　　DC-3 飛行機とオーロラ　アイスランド

アイスランドの南海岸、ソルヘイマサンドゥルにあるDC-3飛行機の残骸。アメリカ軍所有の訓練機であったものが1973年に不時着し、そのまま放置されて現在では観光スポットとなっている。厳しい自然環境に晒されているため翼はすでに失われ、年々その形は変化している。周囲には黒い砂浜が広がり、夜になると星空はもちろん、運がよければオーロラを背景に飛行機を眺めることができる。

死ぬまでに行きたい！新・世界の絶景MAP

本書で紹介している絶景60か所を世界地図にマッピング。1か所1か所訪れてもいいし、近い国々をコースにしてめぐっても。いつかの旅に向けてプランを考えたり、イメージしたりするのにお使いください。

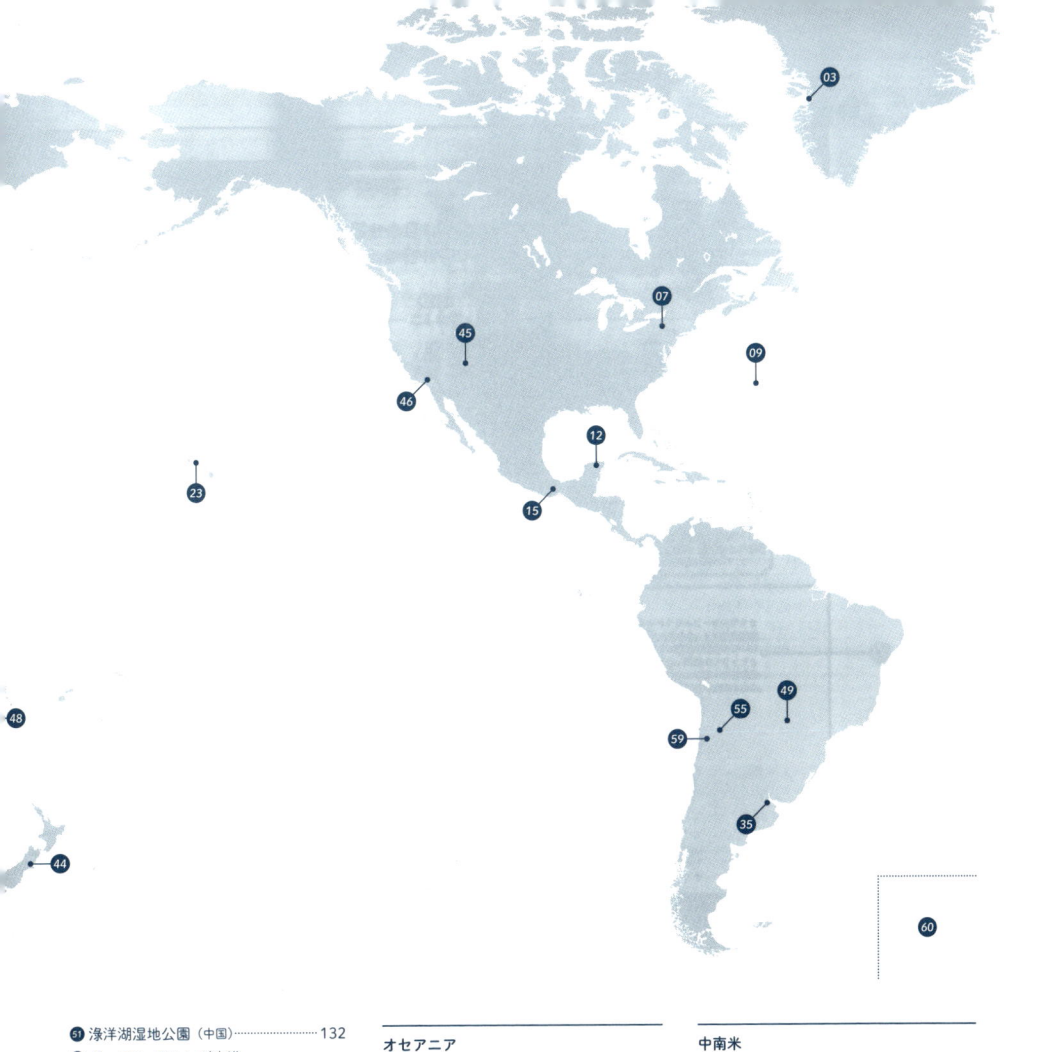

絶景　14　トルスケトゥンガ　ノルウェー

ノルウェー北部ロフォーテン諸島のヘニングスヴァール郊外の山にある、通称「トルスケトゥンガ（タラの舌）」
と呼ばれるスポット。山肌から突き出た岩盤で、先端からは壮大な渓谷や氷河の浸食によって形成された美
しいフィヨルド地形の入江を一望できる。フェストヴォーグティンドハイキングコースの近くにあり、所要
時間は往復約3〜4時間。滑りやすい岩地にあり、行くには登山スキルが必要。

DC-3 飛行機とオーロラ

朽ちゆく飛行船を
光のカーテンが優しく照らす

アイスランド

DC-3

絶景へのご案内

東京からアイスランドのケプラヴィーク国際空港までの直行便はなく、アジアやヨーロッパの都市を経由する。空港から首都・レイキャヴィークまではシャトルバスで約45〜55分。DC-3飛行機が墜落した、アイスランド南部のソルヘイマサンドゥルへは、現地ツアーに参加して向かう。レイキャヴィーク市内発着のツアーなら、他の名所観光も含め、所要時間は約12時間。また、ソルヘイマサンドゥルの駐車場まで車で行き、10〜17時まで1時間ごとに出発するシャトルバスを利用する方法もある。

たとえば
こんな旅 > 4泊7日

1日目	羽田 → （機中泊）
2日目	イスタンブール、オスロで乗り継ぎ → レイキャヴィーク（レイキャヴィーク泊）
3日目	3ATVバギーツアーに参加・ソルヘイマサンドゥルに不時着したDC-3飛行機などを見学（レイキャヴィーク泊）
4日目	ゴールデンサークルツアーに参加・グトルフォス滝などを見学（レイキャヴィーク泊）
5日目	ハットルグリムス教会を見学 → ロイガヴェーグル通りやレイキャヴィーク旧港を散策（レイキャヴィーク泊）
6日目	レイキャヴィーク → コペンハーゲン、イスタンブールで乗り継ぎ（空港泊）
7日目	イスタンブール → 羽田着

詩歩
「火と氷の国」と呼ばれるアイスランド。冬は寒いけど、暖流と活火山のおかげでそこまで気温は下がりません。個人的には冬の北海道のほうが寒かった（笑）

おすすめの季節

11月から1月

オーロラ観測に適したオーロラベルトの直下に位置するアイスランド。夜が最も長い11〜1月なら、15時くらいから翌日の昼ごろまでオーロラを見られる。ただし冬季は気温が氷点下になる日も。防寒対策が必須。

旅の予算

約39万円

レイキャヴィークのホテルの宿泊料金は1泊2万5000円〜。ATVバギーツアーの料金は約3万7000円。ゴールデンサークル観光ツアーの料金は約1万2000円。

旅のポイント

アイスランドは広大な氷河とその下に火山が横たわる希有な島であり、世界屈指の「絶景大国」。ターコイズブルーに染まる世界最大級の温泉施設・ブルーラグーンや国内最大級の氷河を水源とするグトルフォスの滝など大自然の見どころも多い。時間が許せば滞在期間を延ばして、レイキャヴィーク郊外に足を伸ばしてみるのもおすすめだ。

More Fun!
+αのお楽しみ

アメリカ大統領も食べたホットドッグ

アイスランドの代表的なファーストフードといえば、現地では「ピルサ」と呼ばれるラム肉ソーセージのホットドッグ。特に有名なのが、クリントン前米国大統領が食べて絶賛したというホットドッグ屋台「バイヤリン ベスタ ピルスル」。レイキャヴィーク中心地のほか、空港にも支店あり。

外観のデザインは
滝の柱状節理からイメージ

スコーラボルズハイズの丘に建つハットルグリムス教会は、レイキャヴィークのシンボル。教会の外装は、スバルティフォス滝にある玄武岩の柱状節理からインスピレーションを得たといわれる。高さ70m超の尖塔には展望台があり、レイキャヴィーク市街の全景が見渡せる。

国内最大の
氷河が水源
の大瀑布

ゴールデンサークルと呼ばれる、珍しい観光名所が集まるエリアにあるグトルフォスの滝は2段から成る滝で、大量の水がまるで階段を流れるように深い渓谷へ落ちていくのが特徴。近くにあるシンクヴェトリル国立公園やセールフォス間欠泉とともに訪れてみるのもおすすめだ。

おまけ カラフルな建物が並ぶロイガヴェーグル通りはレイキャヴィークのメインストリート。レストランやバー、雑貨などを扱うショップなども多く、散歩やショッピングにぴったり。アイスランド最古の道のひとつでもあり、歴史的建造物も残っているので、ぜひ歩いてみて。

絶景 14　ノルウェー

トルスケトゥンガ

絶壁から突き出した
天然のパノラマ展望台

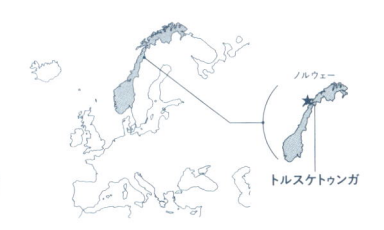

ノルウェー

トルスケトゥンガ

トルスケトゥンガは、ロフォーテン諸島のひとつアウストヴォーグ島のフェストヴォーグティンドハイキングコース近くにある。日本からは経由便でオスロ国際空港に行き、北部のボードー空港を経てスボルベル空港に到着。スボルベルからはバスまたは車で登山口まで向かう。ハイキングコースの入口は、816号線の道路脇に「Festvågtinden」という標識があるのでわかりやすい。フェストヴォーグティンドの山頂近くまで登ったら、尾根に沿って北へ進み、トルスケトゥンガに向かう。ただし道は滑りやすく、岩をつかみながら降りる場面も。登山経験が豊富でないと難しい。

たとえば
こんな旅 > 4泊7日

1日目	成田 → バンコクで乗り継ぎ（機中泊）
2日目	オスロ → ボードーで乗り継ぎ → スボルベルへ（スボルベル泊）
3日目	スボルベル → 車でヘニングスヴァールまでドライブ、周囲の景色を楽しむ（ヘニングスヴァール泊）
4日目	フェストヴォーグティンドハイキングコースにチャレンジし、トルスケトゥンガから絶景を見渡す → ヘニングスヴァールの街を散策（ヘニングスヴァール泊）
5日目	ヘニングスヴァール → スボルベル → スボルベルや周辺を観光 → スボルベル（空港） → ボードー → オスロ（オスロ泊）
6日目	ムンク美術館などを見学 → オスロ（機中泊）
7日目	バンコクで乗り継ぎ → 成田着

> 奥村光一郎・加奈枝さん
> 天気が変わりやすい地域なので予備日があるとよいです。頂上は真夏でも寒いので防寒具を忘れずに！

おすすめの季節

5月から9月

ピークシーズンは天候がよい夏と初秋で、おすすめは観光客が少なくなる9月。11〜12月の冬季もハイキングはできるが、降雪や積雪などの状況により危険度が上がる。

旅の予算

約34万円から

スボルベルのホテルの宿泊料金は1泊約1万3000円〜、ヘニングスヴァールの宿泊料金は1泊約2万3000円〜。オスロのホテルの宿泊料金は1泊約1万7000円〜。レンタカー代は約2万6000円（3日間）。

旅のポイント

フェストヴォーグティンドハイキングコースは、標高約540m、往復約3km程度のコースだが、岩をよじ登る区間や急勾配がある。また、トルスケトゥンガへの道のりはさらに険しい。岩山に慣れていることが望ましい。地面が濡れていると滑りやすいので、天候が悪い場合は中止しよう。またシーズン中は人が増えるので、早朝から登り始めるのがおすすめ。

More Fun!
+αのお楽しみ

メルヘンチックな
漁師小屋に宿泊

ロフォーテン諸島でよく見られる、高床式の赤い建物は「ロルブー」と呼ばれる伝統的な漁師小屋。現在では改装され、旅行客向けの宿泊施設に使われているところも多い。

世界一美しい
サッカースタジアム

国際サッカー連盟（FIFA）が公式サイトで「世界で最も美しいサッカースタジアム」として紹介したのが、アウストヴォーグ島南部の小さな漁村、ヘニングスヴァールのスタジアム。一躍有名になりスタジアム目当ての観光客も増えたそう。

タラは貴重な
輸出品

ロフォーテン諸島といえばタラ漁、世界有数の漁獲量を誇る。ロフォーテン産の干しタラは高級品で、ノルウェーの代表的な輸出品のひとつでもある。栄養価が高く、かつてはバイキングも遠征に持って行ったという。

おまけ　ハイキングには水、チョコレート、ビスケットなどや救急用具、フル充電の携帯電話、夏場でも防寒着は必ず持参。防風・防水のジャケットを着用し、帽子、スカーフ、手袋、日焼け止めも忘れずに。トルスケトゥンガまでの道は滑りやすい場所があるので、登山靴かハイキングシューズで臨もう。

絶景 15　イエルベ・エル・アグア　メキシコ

メキシコ南東部の都市オアハカ郊外にある景勝地。岩肌から湧き出る水に多く含まれる炭酸カルシウムが沈殿して形成された天然温泉の石灰棚と、石灰分が凝固して滝のような形状になった「石の滝」と呼ばれる岩がある。温泉のエメラルドグリーンの色彩は植物によるもので、とくに雨季に色鮮やかに見られる。名称はスペイン語で「沸騰した水」を意味し、水着を着用して入浴も楽しめる。

絶景 16　梵浄山　中国

貴州省北東部の銅仁市にある武陵山脈の主峰で、最高標高は2572m。中国五大仏教名山の一つで、かつて弥勒菩薩が修行したという伝説も残る。10億年以上前の地殻変動で大地が隆起して岩が削られ、独特の景観が形成された。山頂の一つである「紅雲金頂」は高さ約100mの直立した岩で、2つに分かれた上部の両側に寺院が存在する。山間部にあることから雲海が頻繁に発生し、山水画のような光景が見られる。

絶景 15　メキシコ

イエルベ・エル・アグア

極彩色に染まる大地で
地球の鼓動を体感する

メキシコ

イエルベ・エル・アグア

絶景へのご案内

オアハカ空港からオアハカの町へは乗合式のシャトルバスかタクシーで向かう。ただし、乗合式のシャトルバスは、ある程度乗客が集まらないと出発せず、乗客の希望する場所に下していくので、時間がかかる。オアハカの町からイエルベ・エル・アグアへは車で1時間〜1時間半ほど。タクシーもしくはツアーで訪れる。下から「石の滝」を見上げることができる、往復1時間程度のトレッキングコースもあるので、体力に自信のある人はチャレンジしてみるのもいいかも。

たとえば
こんな旅 > 3泊6日

1日目	成田 → ロサンゼルスで乗り継ぎ → メキシコシティで乗り継ぎ → オアハカ（オアハカ泊）
2日目	現地ツアーに参加。トゥーレの木、テオティトラン・デル・バジェ、ミトラ遺跡、イエルベ・エル・アグアを観光 → オアハカ（オアハカ泊）
3日目	モンテ・アルバン遺跡を見学 → ソカロ広場やマセドニオ・アルカラ通りなどを散策（オアハカ泊）
4日目	ベニート・フアレス市場でお土産探し → オアハカ → グアダラハラで乗り継ぎ → （機中泊）
5日目	ロサンゼルスで乗り継ぎ → （機中泊）
6日目	→ 成田着

♥ 詩歩
観光の拠点になるオアハカは、ディズニー映画『リメンバー・ミー』の舞台になった場所のひとつ。毎年11月にはメキシコのお盆行事、"死者の日"が盛大に開催されます。

おすすめの季節

5月から10月

メキシコの気候は雨季と乾季に分かれる。おすすめは温泉の水量が多い5〜10月の雨季。雨季には激しい雨が降るが、東南アジアのスコール同様、短時間で止むことが多い。

旅の予算

約24万円から

オアハカのホテルの宿泊料金は1泊約4000円〜。イエルベ・エル・アグアを含むバスツアー料金は約7000円〜。入場料などは約2600円。

旅のポイント

限られた日程の旅行であれば、イエルベ・エル・アグアを含むツアーに参加するのがおすすめ。トゥーレの木やミトラ遺跡、メスカル蒸留所などの観光地も効率よく回れる。ツアーはネットでも申し込めるが、現地で購入した方が安い。またイエルベ・エル・アグアでトレッキングを体験するなら、スニーカー等歩きやすい靴で。なお、オアハカでは現在危険情報が出ているので犯罪等には注意を。

More Fun!
+α の お楽しみ

オアハカは
チョコラテ激戦区

オアハカの特産品はカカオ。市内にはカカオをその場ですり潰して、チョコラテペーストを作っている店が多い。小さなパックはお土産に◎。大きなチョコラテ屋では店内で飲むことができる。

モザイク模様が美しい
ミトラ遺跡

オアハカから東へ車で1時間ほどの距離にあるミトラ遺跡は、サポテカ文化の中心地として、儀式や祭礼を行っていた場所。メキシコ唯一といわれる、美しい幾何学的なモザイク装飾が見どころ。

スモーキーな香りの
蒸留酒「メスカル」

メスカルはアガベ（多肉植物の一種）を使って作る蒸留酒で、メキシコを代表するお酒。アルコール度数は35%〜55%。現地ではストレートで飲むのが一般的。

おまけ
オアハカは3月下旬から5月中旬までが一番暑く、1日平均の最高気温は30度以上に。逆に涼しいのは6月中旬から1月で平均最高気温は26度程度。気温に関わらず日差しは強いので、屋外で観光するときは日焼け止めやサングラスはマスト。状況によっては帽子や日傘も持参した方がよい。

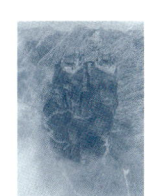

絶景 16　中国

梵浄山

そびえ立つ岩の頂にある
天空の聖地

中華人民共和国

梵浄山

絶景へのご案内

梵浄山を訪れる際に起点となるのは、貴州省の省都・貴陽市。貴陽龍洞堡国際空港から市内までは空港バスで約20分。貴陽北から高速鉄道に乗り、約1時間半で銅仁へ。駅近くにある銅仁旅遊バスターミナルから梵浄山行きのバスに乗り、約1時間半、梵浄山の入口に到着。シャトルバスで移動し、ロープウェイに乗り山頂まで。急な石段を30分ほど上り蘑菇石へ。さらに紅雲金頂か老金頂を目指す。なお、梵浄山には1日当たりの入場制限があるので事前のネット予約がおすすめ。

fanjingshan.gz.cn/?page_id=3790&lang=ja

> たとえば
> ## こんな旅 > 3泊4日
>
> 1日目　成田 → 上海で乗り継ぎ → 貴陽（貴陽泊）
> 2日目　梵浄山へ・山頂の絶景を堪能（貴陽泊）
> 3日目　貴陽市のシンボル・甲秀楼など市内の観光名所を見学 → 青雲路の夜市で屋台グルメを楽しむ（貴陽泊）
> 4日目　貴陽 → 上海で乗り継ぎ → 羽田着

🗣 白丸みそ子さん
時期によって濃霧が発生するので、あらかじめ天気予報を確認してから行きましょう。

おすすめの季節

通年

年間の平均気温が15度と、1年を通して気候は安定。春から夏は緑が美しく、秋は紅葉も楽しめる。冬場は雪景色も望めるが、宿泊施設が閉鎖していたり、公共交通機関が休止していたりする場合もあるので注意。

旅の予算

約 11 万円

貴陽市のホテルの宿泊料金は1泊約1万円〜。貴陽龍洞堡国際空港から貴陽市内までの空港バスの料金は往復約400円、園内観光バスの料金は往復約400円。ケーブルカーの料金（往復）は約2800円、梵浄山の予約料金は約2400円。

旅のポイント

貴州省の交通の要衝である貴陽市は、じつは中国でも有数の観光都市。市内には、美しい山河や湖、鍾乳洞など多種多様な自然の風景が広がり、近隣に点在する少数民族の集落の多彩な文化が観光客の心をワクワクさせる。大自然が生み出す驚異の絶景や奥深い歴史・文化に出合うことができる。

More Fun! +αのお楽しみ

貴州省が発祥の酒

中国で800年余の歴史を有し、ウィスキー、ブランデーと並び、世界三大蒸留酒のひとつと称される「茅台酒（マオタイしゅ）」は、貴州省北西部仁懐市茅台鎮でのみ生産されている、この地の伝統的な特産品。1972年の日中国交正常化式典の饗宴で、時の田中角栄首相と周恩来首相が「茅台酒」で乾杯したことで、日本でも一躍有名になった。

世界最大級のミャオ族集落

中国在住のミャオ族の約半数が住むといわれる貴州省。なかでも、貴陽市の東約200kmに位置する「西江千戸苗寨（せいこうせんこみゃおざい）」は、6000人のミャオ族が暮らす貴州省最大の集落。博物館で民族文化などを学んだり、広場で開催されるショーを見学したり、楽しみ方はさまざま。街を歩いて人々の暮らしぶりを肌で感じてみても。

豊かな緑と水にあふれた絶景に心洗われる

貴陽市の南西約24km、花渓区に位置する「天河潭風景区」は、滝、鍾乳洞、山などカルスト地形が凝縮したエリアで、貴州でもいちばん美しい山水の公園といわれる。なかでも「臥龍灘」は、石灰質が重なり蓄積した、中国国内で最も幅広い石灰質の瀑布。また、鍾乳洞の中はライトアップされ、幻想的だ。

おまけ　貴陽市の観山湖区林城東路に建つ貴州省博物館は、貴州省最大の総合博物館。収蔵品は8万点以上で、展示は少数民族、古生物、歴史の3部構成になっている。特に貴州省で暮らすミャオ族など18の少数民族の展示物は約550点と充実。多彩で美しい民族衣装に目を奪われる。入場無料。

絶景 17 渡良瀬遊水地 気球フライト 栃木県

栃木・群馬・茨城・埼玉の4県にまたがる、日本最大の遊水地である渡良瀬遊水地。33km² もの広大な面積に多くの希少な動植物が生息し、電線など人工物が少ないことから熱気球の聖地としても知られている。毎年12月に開催される「栃木市・渡良瀬バルーンレース」では、朝霧の中を競い合いながら進む数十機の気球が見られるほか、個人でも通年で気球フライトを楽しむことができる。

絶景　18　　ヴィエリチカ岩塩坑　　ポーランド

ポーランド南部クラクフ近郊にある、深さ約300m、総延長300km以上にも及ぶ岩塩の採掘坑。約2000万年前の地殻変動で形成された塩湖が蒸発して岩塩層となり、11世紀頃から塩の採掘が行われるようになった。大の見どころは採掘後の空間を活用した「聖キンガ礼拝堂」。壁や床はもちろん巨大なシャンデリアも塩製で、鉱夫が作ったと言われる。現在では観光地となっており、地下のホールではコンサートなども開催。

絶景 17　栃木県
渡良瀬遊水地 気球フライト

幻想的な朝霧の中を
気球に乗ってどこまでも

栃木県

藤岡渡良瀬運動公園

絶景へのご案内

栃木県の南端に位置する渡良瀬遊水地は栃木、群馬、埼玉、茨城の4県にまたがる巨大な遊水地である。遊水地を舞台とした「栃木市・渡良瀬バルーンレース」のメイン会場である藤岡渡良瀬運動公園へは、東京方面から車で行く場合は東北自動車道の館林インターチェンジを降りて約15分、栃木方面から来る場合は佐野藤岡インターチェンジを降りて約15分。電車の場合は、東武鉄道日光線藤岡駅より徒歩約15分。フライトを体験するなら、遊水地付近で開催されている気球体験ツアーに参加するのがおすすめ。

たとえば
こんな旅 > 1泊2日

1日目　東京 → 車で佐野へ・アウトレットでショッピング（佐野泊）

2日目　佐野 → 車で渡良瀬遊水地へ・熱気球のフリーフライトに参加し、雲の上を空中散歩 → 渡良瀬遊水地を散策 → 道の駅でお土産探し → 車で帰宅 → 東京着

♥ 今村夕夏さん
冬のよく晴れた風の弱い早朝には、朝日に照らされて輝くもやの上を気球が飛ぶ、幻想的な景色を撮影できます。バルーンレースの期間中は多くの気球が飛びます。

おすすめの季節

12月、春または秋

栃木市・渡良瀬バルーンレースが開催されているのは、例年12月。熱気球フライトは通年行われているが、気候のよさでいうなら春先もしくは秋の初めが◎。

旅の予算

約6万円から

佐野市のホテルの宿泊料金は1泊約1万円〜。熱気球のフライト代は、自由に飛行するフリーフライトの場合、約3万円〜10万円を超えるプランも。レンタカー代（2日間）は約1万4000円〜。

旅のポイント

熱気球のフライトは、比較的大気が安定していて風が穏やかな早朝に始まることが多く、集合時間が朝の4時という場合も。遠方から来るなら、渡良瀬遊水地近くの町に前泊すると安心。フリーフライト体験では最高高度1000mくらいまで上昇することができ、天候条件が揃えば雲の上を飛行することもある。

More Fun!
+α
お楽しみの

屋上から遊水地を一望

渡良瀬遊水地内にあるハート型の谷中湖のすぐそばにそびえ立つのが、屋上に大型双眼鏡を備えたウォッチングタワー。晴れた日には筑波山や富士山もよく見える。

貴重な動植物の宝庫

渡良瀬遊水地は多種の野鳥や昆虫・植物・魚が生息しており、まるで生きている自然の博物館。絶滅危惧IB類の猛禽類、チュウヒ（写真）の姿も。渡良瀬遊水地湿地資料館や体験活動センターわたらせでは、動植物図鑑も販売しているので、図鑑片手に散策するのも楽しい。
© 真瀬勝見

係留飛行で気軽に熱気球体験

毎月第3日曜日に開催されている「わたらせ熱気球day」は、熱気球と地上の重りをロープで結び、上空20〜30mまで浮上する係留飛行。料金も2000円と手頃なので、試しに乗ってみたい人にぴったり。予約申し込みは栃木市渡良瀬遊水地Webから。
city.tochigi.lg.jp/site/watarase-heartland/

おまけ　渡良瀬遊水地の近くには、たった3歩で埼玉・群馬・栃木の3つの県を訪れることができる県境「三県境」がある。通常県境は山間地や河川の中にあるが、平地にあるのは全国でもかなり稀。道の駅「かぞわたらせ」から徒歩約5分。三県境にある杭のプレートと同じデザインの記念スタンプもある。

絶景 18 ポーランド

ヴィエリチカ岩塩坑

誰もが二度見する
塩で作った地下宮殿

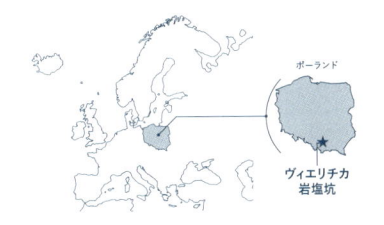

ポーランド
ヴィエリチカ
岩塩坑

絶景へのご案内

岩塩坑のあるヴィエリチカは、ポーランド南部の都市・クラクフの南東約10kmに位置する。東京からはワルシャワ、またはヨーロッパの各都市を経由してヨハネパウロ2世・クラクフ・バリツェ国際空港に向かう。空港から街の中心地のクラクフ中央駅までは、コレイエ・マロポルスキエ鉄道で約17分。岩塩坑の最寄りのヴィエリチカ・ルネク・コパルニャ駅までは、同じ電車でクラクフ中央駅から約23分。さらに5分ほど歩くと岩塩坑に到着する。バスを利用するなら、クラクフ中央駅前のバス停から市バス304に乗り、ヴィエリチカ・コパルニャ・ソリ停留所で下車する。

こんな旅 ＞ 3泊6日

> たとえば

1日目 羽田 → （機中泊）

2日目 ヘルシンキで乗り継ぎ → クラクフ・ユダヤ人街などを散策（クラクフ泊）

3日目 クラクフ → バスでヴィエリチカ岩塩坑へ・ツアーに参加する → クラクフ（クラクフ泊）

4日目 ヤギェロン大学、中央広場、旧市街地など、クラクフの名所を観光（クラクフ泊）

5日目 クラクフ → ヘルシンキで乗り継ぎ → （機中泊）

6日目 羽田着

♥ 詩歩
ヴィエリチカの塩はミネラルが豊富で「洞窟内に5分いれば1年長生きできる」と言われるほど身体によいとか。洞窟内にはお土産売り場もあって食用の岩塩も買えるそう。

おすすめの季節

7月から8月中旬

旅行のベストシーズンは夏。気温が30℃を超える日もあるが、湿度が低く外気がさらっとしているのでそれほど暑さは感じない。朝夕は気温が下がるので羽織りもあると安心。

旅の予算

約28万円から

クラクフのホテルの宿泊料金は1泊約1万円〜。ヴィエリチカ岩塩坑（観光ルート）の入場料金は約5500円。クラクフから岩塩坑までのバス代は約200円。

旅のポイント

岩塩坑のツアーは観光ルートと坑夫ルートの2種類があり、初めて訪れるならメインスポットをめぐる観光ルートがおすすめ。英語のガイドツアーもある。坑内の温度は17〜18℃なので上着を用意し、歩きやすい靴で臨もう。営業時間は日によって違うので、公式サイトで確認を。同サイトでチケットも予約しておくと安心。
wieliczka-saltmine.com/

More Fun!
+α の
お楽しみ

高名な
天文学者が
学んだ町

地動説を唱えたポーランドの天文学者・ニコラウス・コペルニクスは、クラクフのヤギェロン大学の卒業生。塩で作られた像が岩塩坑のなかにもあるので探してみて。

ポーランド人の
ソウルフード

丸くて穴のないドーナッツのような形のポンチキはポーランドの国民食。フルーツやクリームのフィリングが入っていたり、シュガーコーティングがされていたりする。

人類の愚かな歴史、
強制収容所

クラクフからバスで1時間半ほどの距離にあるアウシュヴィッツ・ビルケナウ博物館。第二次世界大戦時にナチス・ドイツがポーランドに建設した収容施設を見学することができるほか、犠牲者の遺品や当時の写真なども多数展示されている。

おまけ クラクフは11世紀から16世紀にかけてポーランド王国の首都として繁栄した街。第二次世界大戦の戦火を免れ中世の面影を残す旧市街は、1978年に「クラクフ歴史地区」として世界遺産に登録されている。ヤギェロン大学をはじめ高等教育機関が多数あり、文化と学問の中心地としての地位は今も健在。

絶景　19　　ゲルマーバーン　スイス

スイス中南部グリムゼル峠近くにある、標高1412mのハンデック駅と1860mのゲルマーゼー駅をつなぐケーブルカー。1926年に水力発電の作業用につくられたものが、2001年からは観光客が楽しめるアトラクションになっている。その最大傾斜は106％と世界第2位で、アルプスの雄大な景色の中を約10分かけてゆっくりと進む。各駅周辺には美しい湖や渓谷にかかる吊り橋があり、見どころも満載。

絶景 19 スイス

ゲルマーバーン

アルプスを駆け抜ける
大自然のジェットコースター

スイス

ゲルマーバーン

絶景へのご案内

ケーブルカー「ゲルマーバーン」に乗れるのは、スイス中南部のハンデック村。日本からは直行便または経由便で最寄りのチューリッヒ空港まで向かう。空港から電車でチューリッヒ中央駅に行き、電車を乗り継いでマイリンゲンまで行く（空港からは約2時間30分〜3時間）。マイリンゲンからバスに乗って約10分、インナートキルヒェン・グリムゼルトーア停留所で下車。さらにバスを乗り換えて約20分、終点のハンデック・ゲルマーバーンで下車する。

たとえば
こんな旅 > 3泊6日

1日目	成田 → アブダビで乗り継ぎ →（機中泊）
2日目	チューリッヒ → 電車を乗り継いでマイリンゲンへ・ライヘンバッハの滝などシャーロック・ホームズゆかりの場所をめぐる（マイリンゲン泊）
3日目	マイリンゲン → バスでハンデック・ゲルマーバーンへ・絶景ケーブルカーを堪能 → 頂上駅近くのゲルマー湖の周辺をハイキング（マイリンゲン泊）
4日目	マイリンゲン → 電車でチューリッヒに戻り、リンデンホフの丘や聖ペーター教会などの名所を観光（チューリッヒ泊）
5日目	チューリッヒ → アブダビで乗り継ぎ →（機中泊）
6日目	成田着

> 🗣 山田駒子さん
> 超急勾配のケーブルカーでたどり着いた先には「天国？」と思うほど素敵な色の湖が！ 1時間程度で湖を歩いて一周できます。

おすすめの季節

6月初旬から10月中旬

ゲルマーバーンが運航されるのは、例年気候がよい6月初旬から10月中旬まで。正確な運行日程は公式サイトで確認を。grimselwelt.ch/en/railways/gelmerbahn/

旅の予算

約24万円から

マイリンゲンのホテルの宿泊料金は1泊約1万5000円〜、チューリッヒのホテルの宿泊料金は1泊約2万5000円〜。チューリッヒ空港からマイリンゲンまでの電車代は約2万3000円（往復）〜、ゲルマーバーンの運賃は約6200円（往復）。

旅のポイント

ゲルマーバーンは、1回に乗れる人数は24人。観光客で混み合う日も多く、当日チケットを購入すると長時間順番待ちしなくてはならない場合も。事前に公式サイトからオンラインでチケット購入しておくのがおすすめ。予約時間の15分前までに窓口で手続きし、チケットを受け取る。チケットはインナートキルヒェンのツーリストセンターでも購入できる。

More Fun! +αのお楽しみ

マイリンゲン名物
メレンゲはいかが？

卵白を泡立てて砂糖と混ぜて焼くメレンゲは、マイリンゲンが発祥の地という説が。現地では乳脂肪分の多い濃厚なクリームと一緒に食べるのが定番。

スリル満点
の吊り橋

ゲルマーバーンの近くにある、アーレ川にかかるハンデックの吊り橋もスリル満点で観光客に人気。高さ70mの橋の上から渓谷の絶景を眺めることができる。

シャーロキアンの
聖地巡礼スポット

マイリンゲンにはシャーロック・ホームズが『最後の事件』の中で、宿敵・モリアーティ教授と対決し、突き落とされたされるライヘンバッハの滝がある。ほかにもホームズ関連の観光ポイントが多数。

おまけ スイスでの滞在期間を延ばせるならスイストラベルパスが便利。一定の金額（244スイスフラン〜）を払ってパスを入手すると、スイス国内の主な鉄道、バス、船などの公共交通機関が乗り放題で、約500か所の美術館・博物館も無料で入館できる。使用期間3日、4日、6日、8日、15日の5種類がある。

幻の湖を探して、レンソイス・マラニャンセス国立公園へ

ブラジル

text: 詩歩

最初に訪れた「幻の湖」。6〜9月にしか出現しない期間限定の絶景。

日本から片道40時間。

そんな途方もない時間をかけてでも行きたい絶景がありました。それはブラジルにあるレンソイス・マラニャンセス国立公園。世界一周した友人が口を揃えて「ウユニ塩湖を超える絶景だった」と言うから、いつか訪れることを夢見ていました。

中東経由でブラジルに上陸し、拠点となるバヘリーニャスに到着。そこから4WDに乗って砂丘へ向かいます。今回はプライベートツアーを手配したので、ガイドさん2名＋わたしたちの計4名でめぐります！

レンソイスは、東京23区の2.5倍ほどの面積に、純白の砂丘が広がっている場所。それだけでも美しいですが、さらに雨季に地下水が増水して、砂丘に無数の湖が出する現象が人気です。今回はその「幻の湖」が美しく見られる時期を狙って来たので、まずは砂丘を歩いてガイドさんイチオシの湖を目指します。

歩くと行っても、道はもちろん人工物は一切ありません。赤道直下の日差しと強風にさらされながら、壁のようにそりたつ丘を上って、下りて、また上って……地面に自分たちの足跡だけが残る光景は、まるでどこかの惑星のよう。

20分ほど歩いて一際高い丘を越えると、眼下に湖が見えてきました。これが、限られた期間しか見られない幻の湖だ！　疲れもなんのその、思わず駆け足になります。湖はまるで宝石を溶かしたかのようにエメラルドブルーに色づき、底までハッキリ見えるほど高い透明度。広すぎてカメラの広角レンズでも収まらない！　撮影のために、また何度も砂丘を上ったり下りたりすることになりました。

1時間ほど滞在して昼食をとったあと、次のスポットを目指します。午後になると日差しはさらに強烈になりますが、地面は熱くありません。なぜなら、レンソイスは砂がほぼ100%石英で構成されている珍しい砂丘。石英は熱を吸収しづらいため、常に冷たいのです。

足跡が消されるほどの強風の中を進むこと2時間。先を行くガイドさんが急に砂丘を駆け下りたかと思ったら、そのまま湖へダイブ‼　深さがあるから泳げるのです。

わたしも服を脱ぎ捨て湖へ。湖は温水プールのように温かく、中央部は肩の上まで水位がありました。湖に生息する「幻の魚」には会えなかったけど、体についた砂と汗を洗い流してスッキリ。そのままレンソイスで夜を迎えます。

17時45分。砂丘の奥に夕陽を見送ると、すぐに夜が訪れました。周囲は外灯もなく真っ暗で、見上げると空には無数の星が！　いつしか風もやんでいて、ゴロンと寝転がって空を眺めます。砂丘はひんやりと気持ちよく、シーツのように滑らか。適度に沈みこむ感覚はまるで高級ベッドのよう。視界いっぱいに広がる星空を眺めながら、このまま眠ってしまいたい……そう思うような極上の時間でした。

この本を執筆中の2024年7月に、レンソイスは世界遺産に登録されました。いま注目の場所、人生で一度訪れてみてはいかがですか？

翌日、遊覧飛行で空から見た砂丘。大きかった湖も小さく感じます。

Check!

📝 実際の旅のスケジュールも大公開！　詳しくはp71をご覧ください。

ブラジル

レンソイス・マラニャンセス
国立公園

絶景 20　シワ・オアシス　エジプト

エジプト西部、サハラ砂漠にあるオアシスを中心とした街。その歴史は古く紀元前の遺跡が残り、有名なアレクサンドロス大王もこの地を訪れたと言われる。高品質な塩の産出地でもあり、街にはエメラルドブルーの色をした塩湖が複数ある。死海の数倍と言われる濃い塩分濃度の湖は観光客でも遊泳可能で、プカプカと水に浮かぶユニークな体験が人気。

絶景 21　フラワリアイランドリゾート　モルディブ

モルディブ北部のラヴィヤニ環礁にある、島全体が一つの施設になっているリゾートホテル。2016年にオープンした。モルディブ最大級の水中レストランや水上コテージなど、5つ星ホテルらしい高級な施設が揃い、美しい海でのシュノーケリングやビーチでのディナーなど、贅沢な体験をすることができる。近くの海上には砂でできた無人島「ドリームアイランド」があり、滞在中に訪問が可能。

絶景 20　エジプト

シワ・オアシス

エジプトでも楽しめる！
水に浮かぶ不思議な体験

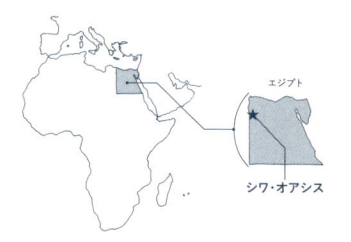
エジプト

シワ・オアシス

絶景へのご案内

旅の拠点となる首都・カイロのカイロ国際空港までは、日本から直行便または経由便で向かう。カイロからエジプト西部のシワへは、バスまたはツアーを利用して訪れるのが一般的。バスの場合は深夜カイロを出発して、途中休憩を取りつつ進み、シワ・オアシスに到着するのは約12時間後。ツアーの場合は早朝に車で出発して、砂漠をひたすら西に走り、昼頃にはシワ・オアシスに到着する。走行距離は約740km、所要時間は約8時間。シワ・オアシスには複数の塩湖があるが、中心地から少し離れているのでトゥクトゥクなどで向かう。現地ツアーを利用しても。

たとえば
こんな旅 > 4泊7日

1日目	成田 → 浦東で乗り継ぎ → (機中泊)
2日目	カイロ → 古代エジプト美術博物館を見学 → カイロ・タワーなどを観光 (カイロ泊)
3日目	カイロ → 3日間のシワ・オアシスツアーに参加・エルアラメイン軍事博物館を見学し、塩湖で遊泳体験 (シワ泊)
4日目	砂漠サファリ体験 → クレオパトラの泉、アモン神殿、シワハウスなどを観光 (シワ泊)
5日目	シワの市場 → カイロに戻る (カイロ泊)
6日目	カイロ → 浦東で乗り継ぎ → (機中泊)
7日目	成田着

♡ ひとみさん

シワ・オアシスは広いのでツアーが◎。わたしは現地の人にお願いし、トゥクトゥクで1日周遊する20ドル（＋チップ）のおまかせツアーを楽しみました。

おすすめの季節

6月から11月

9～11月の秋季は暑さが和らぎ、砂漠サファリなどに最適な時期。6～8月の夏季は暑く、40℃を超える日も多いが、西部にあるシワ・オアシスはカイロなどに比べると比較的過ごしやすい。

旅の予算

約21万円から

カイロのホテルの宿泊料金は1泊約1万円～。シワ・オアシスツアーの料金は約5万円～。

旅のポイント

カイロ－シワ・オアシス間の交通費から観光代、宿泊代、食事代まですべて料金に組み込まれたツアーが複数開催されており、主な観光地を網羅するので効率的にまわれる。なお、現在シワ・オアシスでは危険情報が出ているのでテロなどに警戒を。シワ・オアシスに近いリビア国境地帯はさらに治安が不安定なので近づかないこと。

More Fun!
＋αのお楽しみ

クレオパトラが泳いだ泉？

シワ・オアシスにあるクレオパトラの泉は、一番深いところは7mほどもある鉱泉。クレオパトラがシワを訪れた際にここで泳いだという言い伝えがあり、それが名前の由来にもなっているが、真偽はいかに。

シワ産の塩をお土産に

シワ塩湖で取れる塩は、世界で最も塩分濃度が高いと言われ、ヨーロッパなどの国々にも大量に出荷されている。岩塩や塩を加工したランプなどがお土産に人気。

13世紀の遺跡シャーリー要塞

シワ・オアシスの中心にある、迷路のような泥レンガ造りの要塞はカーシフ（湖の塩の塊を岩と混ぜ合わせ、地元の粘土で漆喰を塗ったもの）で建てられた。元は4～5階建てで多数の人々が住んでいたという。何世紀にも渡り部外者は入れなかったが、現在は宿泊施設もある。

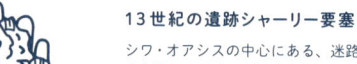

おまけ

シワ・オアシスは砂漠の街だが水が豊富にあり、デーツやオリーブが多く栽培されている。また、北アフリカの先住民族・ベルベル人にルーツを持つ人が多く、独自の文化を築いており、話す言語もシワ語でエジプト人とは異なる。温厚な人が多く、他のエジプトの観光地よりも落ち着いた雰囲気。

絶景 21　モルディブ

フラワリアイランドリゾート

宿泊者しか上陸できない
秘密の楽園

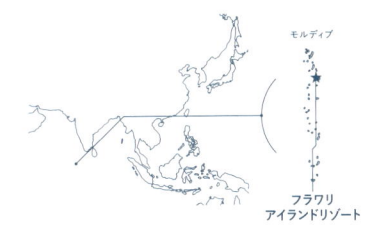

モルディブ

フラワリ
アイランドリゾート

絶景へのご案内

日本からモルディブへは直行便が就航していないので、アジアや中東の都市を経由し、国際線が就航するモルディブ・フルレ島の首都・マーレにあるヴェラナ国際空港へ向かう。フラワリアイランドリゾートへはヴェラナ国際空港から水上飛行機を利用する。インド洋の青い海を眺めながら約40分のフライトを楽しみ、リゾートの近くで着水。スピードボートに乗り換えてホテルまで行く。

たとえば
こんな旅 > 4泊6日

1日目	成田 → コロンボで乗り継ぎ → マーレ（マーレ泊）
2日目	マーレ → 水上飛行機とスピードボートでフラワリアイランドリゾートへ・マリンアクティビティを楽しむ（フラワリアイランドリゾート泊）
3日目	ドリームアイランド、シュノーケリングなどを楽しむ（フラワリアイランドリゾート泊）
4日目	プールやスパなどでゆっくり過ごす（フラワリアイランドリゾート泊）
5日目	フラワリアイランドリゾート → スピードボートと水中飛行機でマーレへ・市場でお土産探し → マーレ → コロンボ →（機中泊）
6日目	成田着

> ● 詩歩
> "1島1リゾート" が多いモルディブ。島全体がホテルの敷地だと滞在中は手ぶらで過ごすことができ、身も心もリラックスできます。想像よりも手頃に行けるので、一度調べてみて！

おすすめの季節

11月から4月

快晴の日が多く雨が少ない乾季の11〜4月がおすすめ。平均気温は年間を通じて30℃前後、12月が一番涼しく4月が一番暑い。雨季は5〜10月で、特に5月と10月は降雨量が多い。

旅の予算

約58万円から

フラワリアイランドリゾートのオーシャン・ヴィラの宿泊料金は1泊約10万円〜約30万円（時期により変動）。マーレのホテルの宿泊料金は1泊約1万6000円。ホテルまでの水上飛行機代（往復）は約8万4000円。ドリームアイランドツアーの費用はホテルに要問合せ。

旅のポイント

フラワリアイランドリゾートがあるラヴィヤニ環礁は、海洋生物の宝庫。フルワリでは環境保全にも力を入れており、敷地内に海洋生物学センターを設置。サンゴ礁や周辺の生態系に関する研究を行っている。海洋学者がガイドするシュノーケリングツアーなども開催。なお、フルワリの最低宿泊日数は基本的に3泊と定められている。

More Fun!
+αの
お楽しみ

モルディブのソウルフード

カツオの水揚げ量の多いモルディブでは、カツオを食材とする料理が多い。中でもシンプルなカツオのスープ「ガルディア」は国民食。ごはんにかけて、ライムをきゅっと絞るのが現地流。

海の中で
ロマンチックな食体験

フラワリアイランドリゾート内にある「5.8アンダーシーレストラン」は、海面から5.8mの地点に作られた、ガラス張りの水中レストラン。海中で熱帯魚を観賞しながら食事をするという特殊な体験ができる。ゲストは10組以下に制限しているので早めの予約を。

©Hurawalhi Island Resort

多彩なアクティビティで
リゾートを満喫

フラワリアイランドリゾートでは、シュノーケリングやカヤックなどのマリンスポーツはもちろん、テニスやバドミントン、フットサルなどの多彩なアクティビティが用意されている。ビーチで行うヨガもおすすめ。

おまけ　フラワリアイランドリゾートでは小旅行のツアーも開催。ドリームアイランドを訪れる以外にも、大物に狙いを定めたフィッシング、終日の贅沢なセーリング、サンセットクルーズや海ガメ保護地区の訪問などいろいろ。専門スタッフに相談して日程や希望に合わせたコースを組んでもらうことも可能。

絶景 22　ヴィクトリアの滝 ルナレインボー　ジンバブエ

ヴィクトリアの滝はアフリカ南部、ジンバブエとザンビアの国境にまたがる幅約1.7kmの巨大な滝。最大落差は100ｍを超え、世界三大瀑布の中で一番落差が大きいと言われる。条件が揃った日の夜にのみ、滝からのぼる水煙が月からの光を屈折させることで虹が出現する現象「月の虹（ルナレインボー）」が見られる。満月の日とその前後の3日間にはルナレインボー鑑賞のため、夜間でも国立公園が開園する。

絶景　23　カネオヘ湾 サンドバー　アメリカ（ハワイ）

オアフ島・カネオヘ湾の沖合にある、干潮時に出現する広大な砂の浅瀬。湾内には全米で最長・最大の珊瑚礁があり、流れ込む砂が少しずつ堆積し、サンドバーが形成された。周辺は深い海と浅い海の色のグラデーションが美しく「天国の海」と呼ばれている。また、サンドバーには女神ラカが火の神ペレにフラを捧げたと言う伝説があり、フラダンスの聖地とされている。訪れるにはツアーへの参加が必須。

絶景 22　ジンバブエ
ヴィクトリアの滝 ルナレインボー

地球の割れ目にかかる 夜しか見られない月の虹

ジンバブエ
ヴィクトリアの滝

絶景へのご案内

ジンバブエ北西部、ヴィクトリアの滝に隣接するのがヴィクトリアフォールズ空港。日本からの直行便はないので、経由便で向かう。空港から滝までは約20km。車を借りてA8を北上すること約20分でヴィクトリアの滝国立公園入口に到着する。ヴィクトリアフォールズ市内からはさらに近く、車で3〜4分ほど。園内には滝沿いに遊歩道があり、様々なビューポイントから鑑賞できる。なお、ナイトツアーやヘリツアーなど多彩なヴィクトリアの滝ツアーも催行されている。

たとえば
こんな旅 > 3泊6日

1日目　成田 → 仁川で乗り継ぎ → （機中泊）

2日目　アディスアベバで乗り継ぎ → ヴィクトリアフォールズ → 日中のヴィクトリアの滝を見に行く → ヴィクトリアの滝のルナレインボーツアーに参加（ヴィクトリアフォールズ泊）

3日目　市内の市場やアートギャラリー、クラフトマーケットをめぐる → ヴィクトリアの滝のルナレインボーツアーに参加（ヴィクトリアフォールズ泊）

4日目　チョベ国立公園ツアーに参加し、野生動物を観察（ヴィクトリアフォールズ泊）

5日目　ヴィクトリアフォールズ → ハボローネで乗り継ぎ → アディスアベバで乗り継ぎ → （機中泊）

6日目　仁川で乗り継ぎ → 成田着

くりくりママさん
晴天の満月、豊富な水量がルナレインボーの条件です。あとは運と、夜景をきれいに撮影できる高性能スマホが必須です！

おすすめの季節

2月から8月

ルナレインボーが出現する条件は①滝の水量が多い、②晴天の夜、③満月とその前後の計3日間。滝の水量が増す2〜8月がおすすめ。特に6〜7月は晴天が続き、ルナレインボーが見られる可能性が高い。

旅の予算

約36万円から

ヴィクトリアフォールズのホテルの宿泊料金は1泊約1万5000円〜。ヴィクトリアの滝国立公園の入園料は約7500円。ヴィクトリアの滝のルナレインボーツアーの料金は約5000円〜（入園料別）。チョベ国立公園日帰りツアーの料金は約2万5000円〜。

旅のポイント

夜はタクシーの手配が大変なので、ルナレインボーを見に行くならツアーに参加するのがおすすめ。ホテルからも申し込める。天気が悪いと虹が見えないので予備日を設けると◎。滝の水しぶきがかかるので、傘やレインウェア、滑りにくい靴を準備しておくとよい。なお、ジンバブエ全域で危険情報が出ているので、犯罪への警戒を。夜間の行動も気をつけよう。

More Fun!
+αの お楽しみ

ジンバブエの主食にトライ！

サザはとうもろこしの一種であるメイズを粉に挽いて、お湯を加えて練ったもの。ジンバブエの主食で、野菜の煮物や牛肉や鶏肉などの総菜と一緒に食べる。

ヘリコプターで 上空から滝見学

ヘリコプターは人気のアクティビティ。少し高価ではあるが、壮大な滝の全景を空中から眺めることができ、その価値は十分ある。料金は、飛行時間12分で約2万2000円、25分で約4万2000円（＋サーチャージ）。

野生動物に会いに チョベ国立公園へ

ヴィクトリアフォールズから隣国のボツワナにあるチョベ国立公園までは車で1時間20分程度と近距離。日帰りツアーも開催されており、アフリカの大自然のなかで生息している野生動物の姿が見られる。

おまけ　ヴィクトリアの滝周辺は1日の気温の変化が激しい。昼間は半袖で過ごせても朝晩はダウンやセーターなどが必要なほど気温が低くなることも。厚手の上着やセーターなども準備していこう。また、日焼け止めや虫よけスプレーもあるとよい。水しぶきがかかるので、カメラやスマホの防水対策も、ぜひ。

絶景 23　アメリカ（ハワイ）

カネオへ湾 サンドバー

天国の海で過ごす特別なひととき

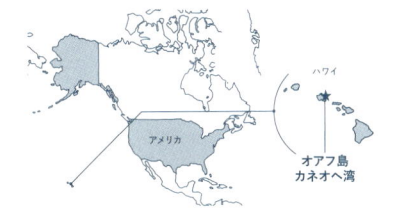

絶景へのご案内

カネオへ湾 サンドバーのある、オアフ島のダニエル・K・イノウエ国際空港までは、日本から直行便で約7〜9時間。夕方から深夜にかけて出発し、ハワイには早朝から昼頃に到着する。空港から中心地のワイキキまでは、レンタカー、タクシー、シャトルバス、路線バスなどを利用できる。ワイキキから島の北東部にあるカネオへ湾へは、レンタカーまたはツアーの送迎車で約45分。I-H-1を西に進み HI-63 に乗り換え北東へ、HI-83 を北に進みへエイアケア・ボートハーバーに到着。そこからツアー会社のボートで、陸地から800mほど離れた海の中に出現するサンドバーへ向かう。

たとえば
こんな旅 > 3泊6日

1日目	成田 → （機中泊）
2日目	ホノルル → シャトルバスでワイキキへ → ワイキキを散策（ワイキキ泊）
3日目	ツアーの送迎車でへエイア・ケア・ボートハーバーへ → ボートでサンドバーへ。サンドバーウォークやシュノーケリングを楽しむ（ワイキキ泊）
4日目	ファーマーズマーケット → カカアコを散策 → ディナークルーズ（ワイキキ泊）
5日目	ダニエル・K・イノウエ国際空港 → （機中泊）
6日目	成田着

> 岡田光司さん
> 撮影のコツとしては、南の島の海は冬に透明度が高くなることが多く、海の青さが際立ちます。トップライトの時間は短く12時前後の2時間が撮影適時です。

おすすめの季節

5月から7月

シュノーケリングなら4〜9月でも十分楽しめるが、サンドバーに上陸したいなら、白い砂浜が海面から出現するのは5〜7月頃の干潮時となる。

旅の予算

約20万円から

ワイキキのホテルの宿泊料金は1泊約2万3000円〜。サンドバーへのツアー代は約2万4500円〜、空港からワイキキの往復が約7000円〜。

旅のポイント

海の中に出現するサンドバーへは、ツアーに参加してボートで向かう。自然保護のため許可された会社しかツアーを催行できず、会社に立ち入りできる場所も違うので要確認。さまざまなマリンアクティビティも楽しめ、ツアーによっては日本語を話すクルーが付く。また、ワイキキのホテルへの送迎もしてくれる。

More Fun!
+αの
お楽しみ

ハワイで本場のアサイーボウル

日本でも話題となったアサイーボウル。ブラジル発祥だけど、ハワイのカフェの定番メニューとなって有名に。栄養豊富な一皿は朝食にもぴったり。

サンドバーでマリンアクティビティ

ツアーではサンドバーで美しい海を堪能できるほか、シュノーケリングなどのアクティビティも楽しめる。カネオへ湾は波が穏やかなのでSUPにチャレンジするのもおすすめ。

©Hawaii Tourism Authority (HTA)／Ben Ono

ファーマーズマーケットに行こう

地元産の農産物やハンドメイド製品などを売るファーマーズマーケットをのぞいてみよう。立ち並ぶ屋台も、ハンバーガー、ホットドッグから、ハワイ料理、アジアのエスニック料理などバラエティ豊か。

おまけ　サンドバーに行くときは、濡れてもよい服装で。泳ぐ予定があるなら水着を着用して行くとよい。水に濡れると寒く感じるので、長袖の羽織りものやビーチタオル、サンゴ礁や海の環境を守るリーフセーフ処方の日焼け止め（スプレータイプはNG）、マリンシューズ、サングラスなどを持参すると便利。

絶景　24　コミノ島 ブルー・ラグーン　マルタ

コミノ島は地中海に浮かぶマルタ共和国の離島で、面積約3.5km²。その海の美しさから、多くの観光客が訪れる人気観光地となっている。とくに「ブルー・ラグーン」という入江は海水の透明度がとても高く、水面に浮いているボートを離れて眺めると、空を飛んでいるかのように錯覚してしまうほど。本島であるマルタ島から日帰りで行くことができる、アクセスのよさも魅力の一つ。

絶景 25　　ボンダイ・アイスバーグ オーシャン・プール　　オーストラリア

シドニーのボンダイビーチにある、海に隣接したプール施設。海からの波が打ち寄せる"オーシャン・プール"
は200年以上の歴史があり、シドニーがあるニューサウスウェールズ州には、100以上のオーシャン・プール
が存在する。そのなかでも1929年に設立されたスイミングクラブ「ボンダイ・アイスバーグ」のプールは知
名度が高く、海と一体化したかのような眺望や迫力ある波しぶきを楽しめる。

絶景 24　マルタ

コミノ島 ブルー・ラグーン

海底まで透き通った海では
船も空を飛んでしまいそう

マルタ

ブルー・ラグーン

絶景へのご案内

日本からマルタ国際空港までの直行便は就航していないので、ヨーロッパや中東の主要都市で乗り継ぎをする。コミノ島へは、多くの観光客がマルタ観光の拠点とするセントジュリアンやスリーマ、バレッタからバスまたはタクシーを利用して、本島の北側に位置するチェルケウワ・フェリーターミナルへ行き、フェリーで渡る。フェリーに乗船して約25分でコミノ島のブルー・ラグーンに到着する。

たとえば
こんな旅 > 3泊6日

1日目	羽田 → ハノイで乗り継ぎ → （機中泊）
2日目	パリで乗り継ぎ → マルタ → 青の洞窟やハジャーイム神殿などマルタ島内の観光スポットを見学（マルタ泊）
3日目	フェリーでコミノ島へ・マリンスポーツを楽しんだり、浜辺でゆっくりと過ごしたりしてブルー・ラグーンを満喫する（マルタ泊）
4日目	首都バレッタで聖ヨハネ大聖堂、騎士団長の宮殿、トリトンの泉などを観光（マルタ泊）
5日目	マルタ → ローマで乗り継ぎ → （機中泊）
6日目	成都で乗り継ぎ → 成田着

> ♥ Yuriさん（@camel8326）
> 鮮やかなターコイズブルーの海は透明度が高く、船の影が海底にくっきりと映るほどで感動しました！売店で売っているパイナップルを丸ごと使ったバジュースもおいしくて◎。

おすすめの季節

6月から9月

海に入るなら水温の高い6～9月が◎。観光客でにぎわうのは気候のよい春と秋。11～3月は雨季で、ビーチも閑散としている。

旅の予算

約27万円から

マルタのホテルの宿泊料金は1泊約1万3000円～。マルタからコミノ島までのフェリー代金（往復）は約2600円。マルタ島内はほとんどバスで移動でき、料金は約410円（深夜は約490円）。

旅のポイント

コミノ島は、ハイシーズンの6～8月は観光客が多く、昼間はかなり混むので、始発のフェリーに乗ってパラソルを確保するのがおすすめ。ブルー・ラグーンは浅瀬なのでマリンスポーツ向き。シュノーケリングを楽しむなら、ブルー・ラグーンから徒歩約10分のクリスタル・ラグーンも人気。各所を効率よく回れる現地ツアーもある。

More Fun!
+αのお楽しみ

マルタは猫の楽園

人口の2倍の猫が生息していると言われるマルタは、猫好きにはたまらない島。猫スポットは、ヴァレッタのローワーバラッカガーデンやセントジュリアンズのスピノラ湾など。

世界遺産に登録された
巨石神殿群

マルタ島では、現在30基以上の巨石神殿が確認されており、タルシーン神殿、ハジャーイム神殿、イムナイドラ神殿など一部の神殿は一般公開されている。

マルタ騎士団のショー
「インガーディア」

インガーディアは中世に活躍した聖ヨハネ騎士団の軍事演習を再現するショー。聖エルモ砦で定期的に行われ、正装した騎士団が隊列や砲撃などのデモンストレーションを披露する。

おまけ
マルタ本島・チェルケウワからコミノ島へのフェリーは、シーズン中は8時40分から18時まで運航（17時までは20～30分おきに運航）。コミノ島からマルタ本島へは9時30分から18時まで運航。天候によっては欠航することもあるので注意。時刻表は公式HPを参照。cominoferries.com/schedule/

絶景 25　オーストラリア

ボンダイ・アイスバーグ
オーシャン・プール

本物の波しぶきがかかる
海とつながるプール

オーストラリア　ボンダイ・アイスバーグ

絶景へのご案内

シドニー空港から市内（シティ）までは乗り合いのシャトルバス、電車・エアポートリンク、タクシー、Uberなどを利用。シティからボンダイビーチまでは、セントラル駅でシティレール（電車）に乗り、ボンダイジャンクション駅下車。ボンダイジャンクション駅からバスに乗り換え、ボンダイビーチで降りる。ボンダイ・アイスバーグまでは、停留所から徒歩で3分ほど。

たとえば
こんな旅 > 4泊6日

1日目　成田 → （機中泊）

2日目　メルボルンで乗り継ぎ → シドニー → シドニー・ハーバーブリッジ、ザ・ロックス、オペラハウスなど有名観光地を見学（シドニー泊）

3日目　ボンダイビーチのビルズで朝食 → ビーチを楽しむ → ボンダイ・アイスバーグのプールで泳ぐ → ボンダイビーチ周辺を散策 → （シドニー泊）

4日目　現地ツアーに参加・シドニー動物園、ブルー・マウンテンズをめぐる（シドニー泊）

5日目　サーキュラー・キーからフェリーでマンリービーチへ → パディントンを散策 → クイーン・ヴィクトリア・ビルディングでお土産探し（シドニー泊）

6日目　シドニー → 成田着

おすすめの季節

12月から2月

12～2月はオーストラリアの夏にあたる。シドニーの夏の平均気温は約18.6〜約25.8℃と暖かく、晴天の日が多い。この時期の海水温度は約21.9〜23.7℃で、ビーチを楽しむのにもよい季節。

旅の予算

約19万5000円から

シドニーのホテルの宿泊料金は1泊約1万2000円〜。ボンダイ・アイスバーグ入場料は約1000円。ブルー・マウンテンズのツアー代金は約2万9000円〜。

旅のポイント

シドニーの東部に位置するボンダイビーチは、ビーチ周辺の散策も楽しいエリア。ボンダイ・アイスバーグは会員制のプールだが、旅行客もビジター料金で使用可能。海から一段高いところにつくられたオーシャンプールで青い海を堪能した後は、併設のボンダイ・アイスバーグ・クラブで食事をしながらビーチを眺めるのも◎。

More Fun!
+α の
お楽しみ

オーストラリアの国民食、ミートパイにトライ

オーストラリアのパイは、牛や羊の角切り肉や粗びき肉と、グレービーソースをパイ生地に包んで焼き上げるのが基本。現地ではカフェからコンビニまであちこちで売られている。

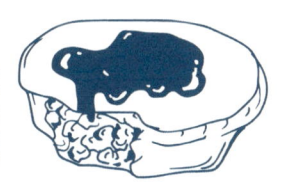

世界自然遺産のブルー・マウンテンズ

シドニーの西に位置するブルー・マウンテンズでは、オーストラリアの雄大で迫力ある自然の姿を楽しむことができる。また、エコーポイント展望台から眺める「スリー・シスターズ」の奇岩は圧巻。

豪華な内装が必見のショッピングセンター

1898年にイギリスのヴィクトリア女王即位50年を記念して建てられたクイーン・ヴィクトリア・ビルディング。今は180を超えるショップが入るショッピングセンターとなっている。美しいステンドグラスの窓、19世紀から残るらせん階段、大時計など豪華なインテリアも見どころ。

おまけ　シドニーの公共交通機関は電車、バス、フェリー、路面電車がある。市の中心から各観光地を訪れる際には電車を活用するとスムーズ。またバスは路線が充実しており、電車でのアクセスがない観光地にも行ける。空港やコンビニなどで買えるチャージ式ICカードの「オパールカード」があると便利。

絶景　26　　マンタリゾート　タンザニア

アフリカ東海岸に浮かぶリゾート地・ペンバ島にあるリゾートホテル。ダイビングの聖地として知られる透明度の高い海に囲まれ、旅行口コミサイト等で多くの賞を獲得するなど人気が高い。特にユニークな部屋が、海に浮かぶ1室のみの「アンダー・ウォーター・ルーム」。部屋から直接海に飛び込めるほか、水中にある部屋では、窓越しに魚を眺めながらベッドでくつろぐという至極贅沢な体験ができる。

絶景 26　タンザニア

マンタリゾート

洋上にポツンと浮かんで 青い海をひとり占め

タンザニア

マンタリゾート

詩歩

タンザニアはアフリカ屈指の観光地。p101には同じくタンザニアのサファリを掲載しているので、海と陸の絶景をあわせてチェックしてみて！

絶景へのご案内

「アンダー・ウォーター・ルーム（海中の部屋）」を有する「マンタリゾート」は、タンザニア沖、ザンジバル諸島のひとつ、ペンバ島にあるリゾート施設。行き方は、小型飛行機での空路が一般的だ。ザンジバル島（正式名称はウングジャ島）からなら、約30分でペンバ空港に到着する。ほかにも、ナイロビやダル・エス・サラームといったアフリカ本土の都市からも空路がある。ペンバ空港からマンタリゾートまではタクシーで約1時間30分。なお、日本からザンジバル島までは直行便はなく、中東またはアジアやアフリカの都市を乗り継いで行く。

たとえば
こんな旅 > 5泊8日

1日目	成田 → 仁川 → （機中泊）
2日目	アディスアベバ → ザンジバル島 → パジェビーチを散歩（ザンジバル島泊）
3日目	ザンジバル島 → 小型飛行機でペンバ島 → タクシーでマンタリゾートへ・ビーチでのんびり → 屋上デッキで星空鑑賞（「アンダー・ウォーター・ルーム」泊）
4日目	ダイビングやシュノーケリングを満喫（「アンダー・ウォーター・ルーム」泊）
5日目	部屋で日光浴や読書を楽しむ → サンセットクルーズに参加（「アンダー・ウォーター・ルーム」泊）
6日目	ペンバ島 → ザンジバル島へ・チーターズ・ロックで猿と触れ合う → ヌングイビーチを散歩（ザンジバル島泊）
7日目	ザンジバル島 → アディスアベバ → （機中泊）
8日目	仁川 → 成田着

おすすめの季節

6~10月、1~2月

6~10月の乾季がベストシーズン。ザンジバル島は1年を通して気温が高く蒸し暑いが、朝晩は冷えることもあるので、羽織るものは用意しておきたい。1~2月は比較的雨が少ない。

旅の予算

約68万円から

ザンジバル島のホテルの宿泊料金は1人1泊約1万2000円〜。アンダー・ウォーター・ルームの宿泊料金（ローシーズン）は1人当たり1泊約14万円（要問合わせ）。サンセットクルーズの料金は約4000円。

旅のポイント

アンダー・ウォーター・ルームは、ザンジバル諸島の海の魅力をギュッと詰め込んだ客室。部屋の窓からはさまざまな海の生き物が姿を見せる。マンタリゾートは3泊以上の滞在が必要なので、計画を立てる際に留意しよう。なお、現在ザンジバル諸島では危険情報が出ている。繁華街などでは警戒しよう。

More Fun!

+αの
お楽しみ

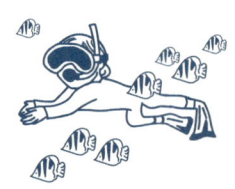

アクティビティ充実の ヌングイビーチ

透明度抜群の海と白い砂浜が広がるヌングイビーチは、ザンジバル島北部に位置する美しい海岸。海辺でのんびりリラックスするもよし、スキューバダイビングやシュノーケリング体験に参加するもよし。中には地元の食文化が学べる料理教室付きのアクティビティツアーも。

野生動物と触れ合える チーターズ・ロック

ザンジバルにあるチーターズ・ロックは、チーターをはじめとした野生動物と直接触れ合うことができる施設。野生動物保護の活動も行っていて、動物たちの生態や保護の重要性も学ぶことができる。訪れることで動物保護に貢献することができるのもうれしい。

固有種の猿が住む国立公園

ザンジバル島中部にあるジョザニ・チワカ湾国立公園は、島の固有種であるザンジバルレッドコロブスという猿が生息するほか、マングローブの林もあり、散策するのに最適。美しい海とは違う形でザンジバル島の自然を体験できる場所だ。

「ヌングイビーチ」「パジェビーチ」「ケンドワビーチ」など数多くの美しいビーチで知られるザンジバル島。なかでも「ナクペンダビーチ自然保護区」は、西海岸沖に浮かぶ小さな砂州で、ターコイズブルーの海と白い砂浜の景観が見事。島の中心地・ストーンタウンの港から船で30分ほど。

レンソイス・マラニャンセス国立公園コース
ブラジル

チリ、アルゼンチンを含めた11泊14日の南米旅のうち、p55のコラムに書いたブラジル部分の旅程をピックアップ。

現地ガイドやドライバーはすべて日本で手配。ポルトガル語圏のブラジルはあまり英語が通じないけど、日系人の日本語ガイドが多いので手配しておくのがおすすめです。

Schedule
旅のスケジュール

Day1	日本	成田空港
		↓ カタール航空（約11時間30分）
	カタール	ドーハ・ハマド国際空港
		↓ カタール航空（約15時間30分）
	ブラジル	サンパウロ・グアルーリョス国際空港
		↓ ラタム航空（約1時間45分）
Day2		フォス・ド・イグアス国際空港
		↓ 約20分のドライブ
		ホテルにチェックイン・就寝 ……… 深夜着のため、1日目の夜からホテルを予約しておくとよい
		ホテルで朝食
		イグアスの滝・ブラジル側を散策 ★1
		↓
		ホテルで夕食
		Hotel Das Cataratas 泊 ★2
Day3		ホテルで朝食
		早朝のイグアスの滝を堪能（ブラジル側）
	アルゼンチン	ブラジルからアルゼンチンへ国境越え
		トロッコで滝の近くまで移動
		イグアスの滝・アルゼンチン側ツアー
	ブラジル	アルゼンチンからブラジルへ国境越え
		フォス・ド・イグアス国際空港 …… サンパウロ行きの飛行機がまさかの遅延！
		↓ ラタム航空（約1時間45分）
		サンパウロ・グアルーリョス国際空港 …… なんと乗り継ぎ便に乗れず、翌日に振り替えることに（泣）
		サンパウロ 泊
Day4		ホテルで朝食
		↓
		サンパウロ1日観光 ★3
		↓
		サンパウロ・グアルーリョス国際空港
		↓
		サンルイス空港
		バヘリーニャスへ出発
		↓ 約4時間のドライブ
		ホテルにチェックイン …… この日予定していた砂丘での夕陽＆星空鑑賞も翌日に延期
		Gran Lençóis Flat Residence 泊
Day5		ホテルで朝食
		↓
		レンソイス・マラニャンセス国立公園へ向けて出発
		約1時間のドライブ
		砂丘トレッキングツアー ★4
		夕陽＆星空観賞
		Gran Lençóis Flat Residence 泊
Day6		ホテルで朝食
		↓
		小型セスナで遊覧飛行 ★5
		↓
		サンルイスへ向けて出発
		↓ 約4時間のドライブ
		サンルイス
		Brisamar Hotel 泊
		↓
		アルゼンチンへ

Point
旅のポイント

★1 滝を正面から眺めるならブラジル側、滝の上を歩きたいならアルゼンチン側。水量によって一部封鎖されることもあるので事前に調べるのが吉！

★2 国立公園内のホテルに宿泊すれば、一般客が入れない早朝から散策が可能！ ホテルから滝の入口までは徒歩すぐです。

★3 急遽観光することになったサンパウロ。国外でもっとも多く日系人が暮らす街で、訪れた日は偶然七夕祭りが開催されていました。

★4 砂丘を4kmほど歩いて見どころを案内してくれるプライベートツアーに参加。白い砂丘の撮影や幻の湖でのスイミング、さらに夕陽と星空鑑賞もこの日に詰め込みました。

★5 レンソイスに来たら遊覧飛行はマスト！ どこまでも広がる砂丘と無数の湖が俯瞰できます。揺れるので酔い止め必須。

絶景　27　美麗島駅「光之穹頂」 台湾

台湾南部・高雄市にあるMRT鉄道の「美麗島駅」。駅のコンコース天井にはイタリアの芸術家ナルシサス・クアグリアータ氏が4年もの歳月をかけて制作したアート作品「光之穹頂 (The Dome of Light)」がある。計4500枚のステンドグラスを使用した直径30mのガラスアートは豪華絢爛。アメリカの旅行サイト「Bootsn All」により「世界で最も美しい地下鉄駅」の第2位にも選ばれている。

絶景　28　ジュエル・チャンギ空港　シンガポール

「世界のベスト空港」で1位を受賞したチャンギ国際空港に2019年に完成した商業施設。中央エリアには吹き抜けを利用した緑豊かな屋内庭園が広がっており、なかでも注目は落差40mの人工滝「レイン・ボルテックス」。屋内にある滝では世界一の規模で、日中は太陽光が降り注ぎ、夜間にはライトアップ・ショーが開催される。飛行機の乗り換え時間に気軽に楽しめる絶景として人気。

絶景 27　台湾

美麗島駅「光之穹頂」

世界で2番目に美しい駅に
思わずため息が出る

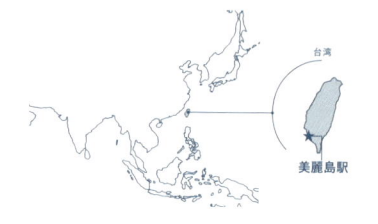

台湾

美麗島駅

絶景へのご案内

美麗島駅がある高雄へは、日本から直行便が出ており、高雄国際空港までの所要時間は約4時間前後となる。空港に隣接した地下鉄MTR「高雄國際機場」駅から紅線（レッドライン）に乗って美麗島駅は7駅目になる。所要時間は10分ほど。光之穹頂は改札外の地下1階のコンコースで鑑賞することができる。

> たとえば
こんな旅 > 4泊5日

1日目	成田 → 高雄（高雄泊）
2日目	三多商圏駅付近でショッピング → 15時に美麗島駅で光之穹頂の光のショーを鑑賞 → 駅周辺を散策しながら六合夜市へ（高雄泊）
3日目	愛河周辺を散策 → フェリーで旗津風景区へ渡り、海鮮街でシーフードを堪能（高雄泊）
4日目	パワースポット・蓮池潭を見学（高雄泊）
5日目	高雄 → 成田着

> ● 神田智美さん
> 美麗島駅を出てすぐの六合夜市では台湾グルメの食べ歩きを楽しめます。葱抓餅や豆花は特におすすめです。

おすすめの季節

通年

美麗島駅・光之穹頂は駅舎のなかにあるので、基本的に季節や天候に関係なく見ることができる。ただ、せっかく高雄まで行くなら観光もしたいところ。涼しく過ごしやすい9月から2月が旅行にはおすすめ。

旅の予算

約7万9000円から

高雄のホテルの宿泊料金は1泊約4800円〜。MTRの運賃は初乗り約96円（20元）。

旅のポイント

光之穹頂（光のドーム）は美麗島駅の改札外の地下1階にある。1日数回光のショーが行われているので、タイミングが合えばぜひ鑑賞を。美麗島駅の地下にはフードコートや充電スポット、トイレ、コインロッカーもあり、旅の休憩スポットとしても便利。

More Fun!
+α の
お楽しみ

高雄版にゃんこ駅長に会いに行こう

高雄MTR「橋頭糖廠駅」の駅長はネコの「蜜柑（ミカン）」。蜜柑が駅長になってから駅の利用客が3割増しになったとか。蔡英文元総統も働きぶりを視察（？）に来たほど。

パワースポット蓮池潭の龍虎塔

「蓮池潭」は高雄市内の北、約10kmにある有名な観光地。風光明媚な湖の周囲には、塔や極彩色の寺廟が建ち並ぶ。なかでも人気なのがパワースポットの龍虎塔。龍の口から入り虎の口から出ると運気がアップするという。

※龍虎塔は2025年前半までメンテナンス中

B級グルメの宝庫
夜市へGo！

夜市では台湾の昔ながらの料理や蒸餃子、小籠包、串焼きなどが並び、値段もお手頃。美麗島駅の近くには高雄随一賑わう六合夜市がある。グルメ以外にも日用品や土産物が並び、眺めるだけでも楽しい。

> おまけ　高雄MTRは創造的でデザイン性が高く、質の高い公共スペースを利用者に提供する8駅を「特別な駅」と定義している。8駅とは紅線の高雄国際機場駅、三多商圏駅、中央公園駅、美麗島駅、高雄車站駅、世運駅、橋頭火車站駅、橘線の苓雅運動園区駅。各駅とも美しい設計で、建物に興味ある人は必見。

絶景 28　シンガポール

ジュエル・チャンギ空港

宝石のように輝く滝は
なんと空港の中に！

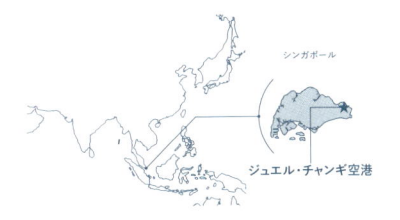

シンガポール

ジュエル・チャンギ空港

絶景へのご案内

シンガポール・チャンギ空港へは、日本の主要都市から直行便が運航されている。飛行時間は約6〜8時間で、出発空港により異なる。人工滝レイン・ボルテックスは、チャンギ空港に隣接する10階建ての複合施設ジュエル・チャンギにある、4階分の吹き抜けを利用した屋内庭園フォレスト・ヴァレーの中心にある。ジュエル・チャンギは、チャンギ空港のターミナル1の到着ロビーに直結、ターミナル2とターミナル3からは歩行者専用道路を利用して行くことができる。ジュエル・チャンギは広大な施設なので、時間には余裕を持って行こう。

たとえば
こんな旅 > 3泊5日

1日目　成田 → シンガポール（シンガポール泊）

2日目　MRTでマリーナ・ベイ・サンズ、ガーデンズ・バイ・ザ・ベイ、マーライオン・パークなどを観光、夜はクラーク・キーで食事や夜景を楽しむ（シンガポール泊）

3日目　アラブ・ストリート、リトル・インディア、カトンなどを散策、夜はナイトサファリへ（シンガポール泊）

4日目　オーチャード・ロード、ティオン・バルーでショッピング → 早めに空港へ向かい、レイン・ボルテックスを鑑賞 → シンガポール → （機中泊）

5日目　成田着

▼ フォトグラファー 鎌田風花さん
空港の中ということを忘れてしまうほど大迫力の滝は、ぜひ現地で体感してほしい！天井から降り注ぐ水と光、そして植物に囲まれとても癒される空間です。

おすすめの季節

4月から9月

雨季と乾季に分かれており、1年を通して日中の気温は30℃を上回り高温多湿。4月から9月は乾季に当たり若干雨も少ない。

旅の予算

約10万円から

シンガポールの宿泊料（スタンダードクラス）は1泊約1万円〜。シンガポール内の交通費は約1万円程度。

旅のポイント

空港に隣接するレイン・ボルテックスは最終日のフライト前に行くのがスムーズ。月〜木曜日の19時30分、20時、21時、金〜日曜日、祝日、祝前日の19時30分、20時、21時、22時には滝のライトアップとサウンドショーが行われる。

More Fun!
+αのお楽しみ

2大グルメ、チリクラブとチキンライスはマスト！

新鮮な蟹を甘辛い濃厚ソースで食べるチリクラブは地元の名物料理。ソースはパン（マントウ）と一緒にいただく。チキンライスは種類も多いが、海南式はゆでた鶏肉と鶏スープで炊いたごはんをチリソースなどで食べる。

©TIH

ナイトサファリに行ってみよう

2500頭を超える夜行性動物が飼育されている屋外動物園。開園はもちろん夜。園内はトラムで回れるほか、歩きながら動物を間近で見られる4つのトレイルコースも。

多文化が共存・融合する国

多民族国家でさまざまな文化、宗教、人々が生活し、リトル・インディア、チャイナタウン、アラブ・ストリートなどのコミュニティを作っている。多様性とパワーにあふれている国だ。

おまけ　シンガポールのほとんどの観光スポットはMRT（大量高速交通機関）から歩いて行けるので上手に利用を。「シンガポールツーリストパス」を購入すると乗り放題でお得。1日券S＄22、2日券S＄29、3日券S＄34の3種類があり、MRT各駅のトランジットリンク・チケットオフィスで購入できる。

絶景 29　天津濱海図書館　中国

中国北部・天津市の浜海文化センターにある図書館。市の文化地区構想の一環として2017年にオープンしたもので、世界的に有名なオランダの建築家集団「MVRDV」と天津都市計画設計研究院が共同でデザインしている。床から天井まで階段状に続く書棚が空間を囲うように四方に広がっており、その段数なんと34段。120万冊の蔵書が収められる規模だが、上段は手が届かないためまだ本は配置されていない。

絶景 30　トリニティ・カレッジ図書館　アイルランド

1592年にエリザベス1世によって設立された、アイルランド最古の大学にある図書館の一つ。長さ65mの
図書室「ロングルーム」は、1732年の開館時には1階部分のみだったが、1860年に2階部分と現在のアー
チ型の天井が増設されて現在は約20万冊の蔵書がある。国宝であり「世界一美しい本」として知られる、8
世紀に制作された「ケルズの書」もここに展示されている。

絶景 29　中国

天津濱海図書館

一生かけても読み切れない！
読書好きの天国はここだ

中華人民共和国

天津濱海図書館

絶景へのご案内

天津市の濱海文化区に建つ天津濱海図書館。最寄りの空港は天津濱海国際空港で、東京、大阪など日本の複数の都市から直行便が出ている。成田からの所要時間は約3時間40分。空港の地下にある濱海国際空港駅から地下鉄2号線で天津駅に向かい、地下鉄9号線に乗り換えて市民広場駅へ。そこから天津濱海図書館までは約2kmあり、歩くと20分程度かかる。やや遠いので、タクシーを利用すると安心。公共の図書館のため、入館料は無料。

たとえば

こんな旅 > 3泊4日

1日目	成田 → 天津・イタリア街を散策 → 海河でリバークルーズ・天津アイの夜景を楽しむ（天津泊）
2日目	天津濱海図書館を見学 → 楊柳青で古い街並みを散策（天津泊）
3日目	静園を見学 → 五大道で建築散歩 → 天津恒隆広場でショッピング（天津泊）
4日目	古文化街でお土産探し → 天津 → 成田着

💬 森田顕さん
白を基調とした美しい館内で、書架が天井まで続く近未来的なデザインに圧倒されます。

おすすめの季節

4月から5月、9月から10月

中国北東部にある天津は、冬は気温が氷点下になることも。春は乾燥し、夏は暑くて雨が多い。ベストシーズンは夏前の時期と秋で、いちばん過ごしやすい。

旅の予算

約12万円から

天津のホテルの宿泊料金は1泊約1万3000円〜。天津濱海国際空港から天津市内までの地下鉄料金は片道約80円。海河の遊覧船の夜間料金は約2000円。

旅のポイント

面積は1万2000㎢ほどと東京・大田区と同じくらいの広さの天津市。北京の海の玄関口として古くから栄え、ヨーロッパ諸国の租界が置かれていたため、欧風の建築物が並ぶ。中洋折衷で昔と今が絶妙に共存する天津の文化は、この街に独特の雰囲気をもたらしている。北京からも高速鉄道で約35分の距離なので北京旅行のついでに足を伸ばしても。

More Fun!
+αの
お楽しみ

ラストエンペラー・溥儀のかつての居住地

平和区に位置する「静園」は、美しい庭園と建物で人気の場所。1921年に建設され、清朝最後の皇帝として知られる溥儀とその妃が暮らした家として有名。満州国時代の豪華な装飾からは深い歴史も感じられ、今も多くの人々から愛されている。行きやすい場所にあるのも、中国初心者にはうれしい。

川をまたいで建つアジア唯一の観覧車

天津市の中央を南北に走る海河。その橋の上に建つのが「天津アイ」と呼ばれる巨大な観覧車だ。1周約30分。最高地点に到達すると、40km先まで見渡せるという圧巻の眺望は、ここでしか体験できないもの。夜空に浮かび上がる観覧車の姿も見応え十分。

古き良き天津の商店街を体験

天津濱海図書館など近未来的な建築物が建つ天津市にあって、昔ながらの天津市が体験できるのが、古文化街。地下鉄2号線東南角駅から歩いて約15分。天津を代表する老舗が100軒ほど軒を連ねる商店街には、昔懐かしい天津の雰囲気があふれ、時代を忘れるほど。天津らしい工芸品などを販売するお店やレストランも多く、古き良き天津を楽しむことができる。

おまけ
地下鉄3号線和平路駅から歩いて3分ほどのところにある天津恒隆広場は、天津市内でも最大級のショッピングモール。世界的に有名なブランドショップから地元の人気店まで幅広いお店が並んでいるのはもちろん、おいしい飲食店も充実。時間があればのぞいてみては？　思わぬ掘り出し物が見つかるかも。

絶景 30　アイルランド

トリニティ・カレッジ図書館

魔法の書がありそうな
歴史を感じる本棚の数々

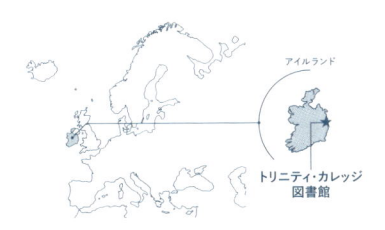

アイルランド

トリニティ・カレッジ
図書館

絶景へのご案内

トリニティ・カレッジはアイルランド・ダブリンにある大学。日本からアイルランドへの直行便は運行されていないので、乗り継ぎ便を利用する。ダブリン空港から市内へ向かう電車はなく、公共交通機関を利用する場合は、市内バスや急行バス、シャトルバスを利用するのが一般的。オコンネルストリート付近で下車し、徒歩10分ほどで大学に到着する。図書館は、当日、入館料（19ユーロ〜）を購入し入ることも可能だが、すでに長蛇の列ができていることもある。下記から事前にチケットを購入しておくのがおすすめだ。

visittrinity.ie/book-of-kells-experience/

たとえば
こんな旅 > 4泊7日

1日目	羽田 → ドバイ（空港泊）
2日目	ダブリン → キルメイナム刑務所を見学 → テンプルバー地区で本場のアイリッシュパブを体験（ダブリン泊）
3日目	トリニティ・カレッジ図書館、ダブリン城を見学 → グラフトン・ストリートでショッピング（ダブリン泊）
4日目	現地ツアーに参加・モハーの断崖で絶景を堪能（ダブリン泊）
5日目	ギネス・ストアハウスでビール作りを見学 → フェニックスパークを散策 → クライストチャーチ大聖堂のライトアップを見学（ダブリン泊）
6日目	ダブリン → ドバイ（空港泊）
7日目	成田着

🚶 詩歩
北アイルランドにある「ジャイアンツ・コーズウェイ」もアイルランド島の絶景。3万本以上もの柱状節理が形成した断崖絶壁は一見の価値あり。同じ島内でも国は違うので注意。

おすすめの季節

6月から9月

ダブリンの気候は年間を通して寒暖差が少なく安定しているので、いつの季節でも楽しめるが、夏は日の入りが遅く、1日を長く楽しむことができるのでおすすめ。

旅の予算

約32万円から

ダブリンのホテルの宿泊料金は1泊約2万円〜。図書館の入館料は約3200円。ダブリン空港から市内までの急行バス料金は片道約1200円。モハーの断崖を訪れる現地ツアーの料金は約1万4000円。

旅のポイント

長い歴史を持つアイルランドのダブリンは、街歩きも楽しいエリア。ダブリン城やクライストチャーチ大聖堂といった歴史的な建造物からギネスビール発祥の地らしいパブ文化まで、いろいろな歴史や文化が体験できる。また、ダブリンは比較的小さな街なので、歩きやすいのも初心者には嬉しい。1日、そぞろ歩きを楽しんでみるのもおすすめだ。

More Fun!
+αのお楽しみ

寒い日は
アイリッシュコーヒーを

アイルランド発祥のホットカクテル・アイリッシュコーヒーは、アイリッシュウイスキーをベースに、ホットコーヒーと生クリームを加えたドリンク。コーヒーと呼ばれているが、アイリッシュウイスキーがベースになっているので、アルコールが苦手な人は注意！

ギネスビール発祥の地で
パブ文化を楽しむ

「テンプルバー」と呼ばれるエリアは日本にはないパブ文化を楽しめる場所。石畳の歩行者専用道路沿いにはさまざまなパブが並び、夜ともなれば、地元民も観光客も渾然一体。独特の雰囲気が流れる。お店によっては、ジャズなどの生演奏を行うところもある。ダブリンらしい夜を堪能しよう。

橋のニックネームの
由来は通行料から

ダブリンの中心を流れるリフィー川。そこに1816年に建設されたのが、リフィー橋（通称ハーフペニー橋）だ。建設当初、通行料として半ペニーが徴収されていたことから "Ha'penny Bridge" と呼ばれるようになったのが、通称の由来とされる。フォルムも美しい橋なので、ぜひ、渡ってみて。

おまけ　世界5大ウイスキーのひとつにも挙げられるアイリッシュウイスキー。世界最古の蒸留所と言われるブッシュミルズ蒸留所では、400年以上にわたりその味を守り続けている。工場見学ではテイスティングもできるので、ウイスキー好きなら立ち寄ってみては？ bushmills.com/

079

詩歩の絶景 TRIP

電車とバスでめぐる　京都1泊2日編

京都に移住して早5年。住んでみるとそれまで知らなかった京都の魅力が見えてきました。
このページでは、そんな私がおすすめする「とっておきの京都」をご案内します！

▶ WAZUKA-CHO 和束町

京都駅から約1時間の加茂駅で下車。バスに乗り換え、京都南端にある和束町へ。

京都駅からスタート！

マンホールにも茶娘が♥

和束高橋停留所で降り、坂道をてくてく上ったらこの風景！ 青空へと続くかのように段々畑が広がる「石寺の茶畑」は、まさに茶源郷。日本の原風景に心が和みます。

和束町運動公園内、山のてっぺんにある「天空カフェ」へ。長い階段を頑張って上ると…。

天空カフェは、運動公園近くの「和束茶カフェ」で購入した飲み物や食べ物の持ち込みが可能。抹茶ドリンクや茶スイーツでひと休み。

茶畑を一望！この眺めに疲れも吹き飛ぶ！

和束茶カフェ
で購入
▼
和束のお土産

だし×お茶の苦味が絶妙な「煎茶ドレッシング」

「ポテ茶」は抹茶とポテチの塩味が意外にマッチ！

和束産の茶葉で作られた「抹茶飴」。茶壺柄の缶もかわいい。

▶ UJI 宇治

料理を待つ間にウェルカムティーを。本場ならではのおもてなし。

茶畑を見た後は、宇治に寄って茶グルメを堪能。「中村藤吉本店」でいただいたのは、「宇治てん茶を楽しむきつね生茶蕎麦」(ZARU)」。お茶の風味たっぷりのそばと甘めの油揚げの相性が抜群！

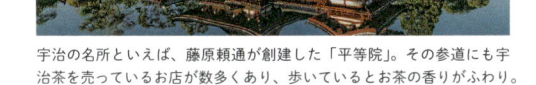

宇治の名所といえば、藤原頼通が創建した「平等院」。その参道にも宇治茶を売っているお店が数多くあり、歩いているとお茶の香りがふわり。

宇治のお土産

中村藤吉本店
で購入

濃厚な抹茶味を楽しめる「まるとバウム［抹茶］」。

抹茶共和国
で購入

コスメみたいな「濃茶の生チョコバーム」は友達に配りたい。

▶ YASAKA 八坂

本日の宿は八坂神社近くの「RC HOTEL 京都八坂」。築50年の鉄筋コンクリートのアパートメントを改装したホテルで、ドアを開けると外からは想像もつかないおしゃれな空間が！

各階でコンセプトが違い、私が泊まった部屋のテーマは「アート」。京都のど真ん中とは思えない静かな部屋にいると、大切な人に手紙などを書きたくなります。

ホテルの屋上からは東山エリアを一望でき、五重塔が目の前に！現在は景観保全のためにこの高さの建物は建てられないそうで、貴重な眺め。

早起きして八坂散歩

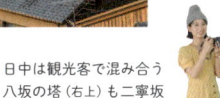

日中は観光客で混み合う八坂の塔（右上）も二寧坂（右下）もひっそり。こんな京都が見られるのも、街中に泊まるメリットかも。

▶ KIBUNE 貴船

2日目は浴衣をレンタル。京都の街中から離れ、水の神を祀る貴船神社へ。赤い灯篭の参道を上ってお参りした後は、ご神水に浮かべると文字が浮き出る「水占みくじ」にトライ。

新緑の時季限定で、青もみじを模した絵馬が登場。

「ひろ文」のマイナスイオンあふれる川床で懐石料理を。気温30度を超えたこの日でも、川床にいると涼しくてびっくり。夏でも鍋料理を楽しむお客さんも多いのだとか。

川床を気軽に楽しめる「兵衛Cafe」にも立ち寄り。足を水につけられるようになっていて、旅の疲れもクールダウン。特製の最中は甘さ控えめのあんこと酒粕風味のクリームが◎。

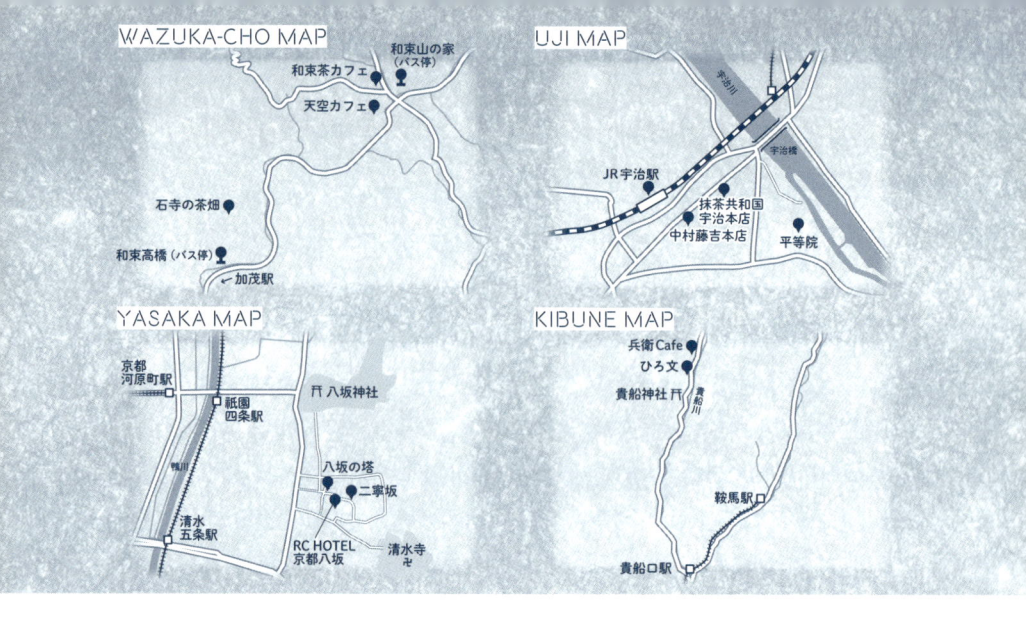

WAZUKA-CHO MAP

- 和束山の家（バス停）
- 和束茶カフェ
- 天空カフェ
- 石寺の茶畑
- 和束高橋（バス停）
- 加茂駅

UJI MAP

- 宇治川
- JR宇治駅
- 宇治橋
- 抹茶共和国 宇治本店
- 中村藤吉本店
- 平等院

YASAKA MAP

- 京都河原町駅
- 祇園四条駅
- 八坂神社
- 鴨川
- 八坂の塔
- 二寧坂
- 清水五条駅
- RC HOTEL 京都八坂
- 清水寺

KIBUNE MAP

- 兵衛Cafe
- ひろ文
- 貴船神社
- 貴船川
- 鞍馬駅
- 貴船口駅

WAZUKA-CHO <u>NO</u> SPOT 和束町のスポット

石寺の茶畑
京都府の景観資産第1号にも登録されている茶畑。急傾斜の山の上まで青々とした茶畑が広がっている様子は圧巻。4月下旬から茶摘みが始まる。

● 京都府相楽郡和束町石寺丸塚付近
TEL. 0774-78-0300（和束町観光案内所）

天空カフェ
京都の高台寺の茶室をモチーフに、京都産のヒノキや杉で作られた貸切個室。「和束茶カフェ」で利用受付と鍵の受け取りが必要。利用料は60分1人550円。

● 和束町運動公園内
TEL. 0774-78-4180（和束茶カフェ）

和束茶カフェ
和束茶を使ったドリンクやスイーツ、テイクアウトメニューなどを販売。和束のお茶や茶葉を使った商品なども並び、お土産探しにもぴったりの場所。

● 京都府相楽郡和束町白栖大狭間35
TEL. 0774-78-4180

UJI <u>NO</u> SPOT 宇治のスポット

中村藤吉本店
安政元年（1854年）創業。白壁と格子が印象的な本店では、カフェでお茶を取り入れたメニューを提供するほか、銘茶売場にてお茶・お菓子などを販売。

● 京都府宇治市宇治壱番10
TEL. 0774-22-7800

平等院
1052年、藤原頼通によって建立された寺院。極楽の宝池に浮かぶ阿弥陀如来の宮殿を模して池の中島に建てられた鳳凰堂の壮麗な姿は、平安時代の栄華を現代に伝える。

● 京都府宇治市宇治蓮華116

抹茶共和国 宇治本店
宇治産一番茶等、厳選素材を使用したドリンクやスイーツが人気のカフェ。インクボトルをモチーフにしたドリンク容器などかわいいパッケージも魅力。

● 京都府宇治市宇治妙楽26-2
TEL. 0774-39-8996

「ずらす」と出会える、新鮮な京都

text: 詩歩

「京都へおいでよ！」というと、たいてい「行きたいけど、今は混んでいるんでしょう？」という言葉が返ってきます。

京都に住んでいて、混雑は実感しますが、それは限られた有名観光地のみ。時間やエリアをずらせば、京都でもゆったりと観光することができるんです！
京都南部にある和束町は、800年前からの歴史がある京都最大のお茶の生産地。寺社仏閣のイメージが強い京都だけど、ちょっと足を伸ばせば、こんなに自然が豊かでゆっくり過ごせる場所もあるんですよ。

和束から京都に戻る際には、ぜひ宇治にも立ち寄りを。お茶を使ったグルメが満喫できる町で、カフェが大充実。駅周辺に老舗からニューウェーブまで揃っています。お腹が満たされたら、世界遺産の平等院や、源氏物語ミュージアムをめぐっても。

京都市内を観光するなら、宿選びも大事。今回ご紹介したホテルは、東山エリアでは貴重な屋上から絶景が楽しめます。日没前の時間が一番美しいので、ぜひ夕方までにチェックインしましょう！

さらにホテルから一歩外に出れば、そこは世界中からカメラマンが集まる人気フォトスポット。産寧坂や二寧坂、八坂の塔などの名所は、頑張って早起きすれば、ほぼ貸切状態で写真を撮ることができますよ！

そして京都市内でイチオシのエリアは貴船。京都駅から1時間半ほどかかりますが、貴船の川床は夏でも上着が必要なほど涼しくなるんです！せせらぎを聞きながら目にも美しい料理や甘味をいただく体験は格別。ぜひとっておきの京都を楽しんでみてくださいね。

YASAKA NO SPOT 八坂のスポット

RC HOTEL 京都八坂
人気観光スポットが集まる東山八坂エリアに建つデザインホテル。「グリーン」「古民具」「アート」と、階ごとに異なるテーマで部屋が作られている。
● 京都府京都市東山区八坂上町370
TEL. 075-354-5406

八坂の塔
正式名称は法観寺で、臨済宗建仁寺派の寺院。現在の塔は1440年に足利義教により再建されたもの。応仁の乱で他の伽藍は焼失したが、この五重塔は残り、祇園のシンボル的存在となった。
● 京都府京都市東山区八坂上町388

二寧坂
清水寺への参道にある坂。その風情ある景観は京都の「重要伝統的建造物群保存地区」に指定されている。画家・詩人の竹久夢二が付近に住んでいたことでも知られる。
● 京都府京都市東山区清水2丁目

KIBUNE NO SPOT 貴船のスポット

貴船神社
万物の命の源である水の神を祀る、全国に2000社を数える水神の総本宮。古くから京都の水源を守る神として崇められ、雨乞いや雨止めの神事が行われてきた。縁結びの神様としても有名。
● 京都府京都市左京区鞍馬貴船町180

ひろ文
貴船川の最上流に立つ料理旅館。5〜9月には川床で、流れる水の音を聞きながら季節の旬の食材を使った料理を楽しめる。落差のある渓流は迫力満点。
● 京都府京都市左京区鞍馬貴船町87
TEL. 075-741-2147

兵衛Cafe
貴船川の上流・奥貴船に位置するカフェ。5〜9月には川床席が設けられ、川に足をつけながらこだわりのドリンクや自家製の和スイーツを堪能できる。
● 京都府京都市左京区鞍馬貴船町101
TEL. 075-741-3077

絶景　31　ブールタング要塞　オランダ

オランダ北部のフローニンゲン州のブールタングにある軍事要塞の跡。16〜17世紀にかけて勃発したオランダ独立戦争の際に建造されたもので、現在も数百名の住民が暮らし、観光地として公開もされている。上空からみると美しい星型をしているが、これは近世ヨーロッパで普及した星形要塞で、北海道・五稜郭の設計に参考にされたもの。毎年6月には昔の戦闘を再現したイベントも開催される。

絶景 32　ブルージュの夜景　ベルギー

ベルギー北部にある中世の街並みをそのまま残した町。かつて運河を通じて北海と繋がっていたことからハンザ同盟の中核都市として栄えていたが、15世紀後半、土砂が流れてきて運河が使えなくなり、都市機能が衰退。そのおかげで現在も当時の面影が残されている。50以上もの橋がかかる運河をクルーズなどで楽しむことができ、石造りの街並みが運河に反射する夜の風景も人気。

ブールタング要塞

オランダ独立を勝ち取った
地上につくられた勝利の星

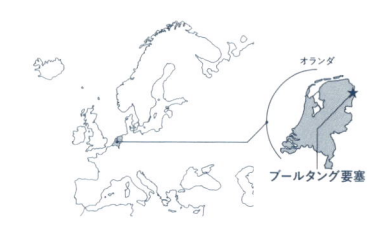

オランダ
ブールタング要塞

絶景へのご案内

成田からアムステルダムのスキポール空港へは直行便が出ており、所要時間は約13時間50分。中東などを経由する乗り継ぎ便も利用できる。空港からアムステルダム市内へは電車やバスなどで移動する。ブールタング要塞は、オランダ本土の最北端・フローニンゲン州に位置する。アムステルダム中央駅から電車に乗り、フローニンゲン駅を経由して約3時間でウィンスホーテン駅に到着。さらにバスに乗り換え、ブールタング要塞へ向かう。ただ、バスはもう1回乗り換える必要がある上に平日しか運行していない。所要時間は30分程度なので、ウィンスホーテン駅からタクシーを利用するのもひとつの方法だ。

たとえば
こんな旅 > 4泊7日

1日目	成田 → ドバイ（空港泊）
2日目	アムステルダム（アムステルダム泊）
3日目	電車でブールタング要塞へ。建築物や博物館を見学（アムステルダム泊）
4日目	ゴッホ美術館やアムステルダム国立美術館で美術鑑賞 → ダム広場でライトアップを楽しむ（アムステルダム泊）
5日目	キューケンホフ公園で花鑑賞 → レンブラント広場を散策 → 運河クルーズでアムステルダムの街並みを満喫（アムステルダム泊）
6日目	アムステルダム → ドバイ（空港泊）
7日目	成田着

♥ 詩歩
アムステルダムから鉄道で約30分のユトレヒトはミッフィーの生みの親、ディック・ブルーナの生誕地。ミュージアムはもちろん、「ミッフィーの信号機」など、見どころもいっぱい！

おすすめの季節

3月から9月

春〜夏は気候も温暖で過ごしやすい。3〜5月は様々な花が見頃を迎え、花見を楽しめる時期。夏場は日が長いのでゆっくり観光できるというメリットもある。

旅の予算

約32万円から

アムステルダムのホテルの宿泊料金は1泊約2万円〜。ウィンスホーテン駅までの列車料金は約5000円。ブールタング要塞の入場料は約1700円。

旅のポイント

ブールタング要塞では風車や兵舎などの建築物を見学できるほか、博物館では要塞の歴史や当時の人々の暮らしぶりなどに触れられる。また、季節のマーケットや「ブールタングの戦闘」などのイベントも開催しているので、HPでチェックしてイベントに合わせて訪れるのもおすすめ。
bourtange.nl/

More Fun!
+αのお楽しみ

焼きたてワッフルは格別の味わい
薄く焼いたワッフルクッキーの間にキャラメルシロップを挟んだ「ストロープワッフル」は、オランダの伝統菓子。現地の屋台では、その場で焼いた熱々のワッフルが楽しめる。

迫力満点！ブールタングの戦闘
例年6月中旬に行われる「ブールタングの戦闘」は、19世紀の戦闘を再現したイベント。銃や大砲の実演が行われ、この日ばかりは、小さな要塞がたくさんの人たちで埋めつくされる。

オランダで一番美しいと評判のフローニンゲン駅

ブールタング要塞へ公共交通機関で向かう際に電車の乗り継ぎ駅となるフローニンゲン駅は、オランダで最も美しい駅のひとつといわれる。ルネサンス様式とゴシック様式が混在する駅舎は、19世紀末に建造。特に天井の装飾が豪華なコンコースは圧巻。乗り継ぎ時間に余裕を見て、ぜひ立ち寄りたい。

おまけ
ブールタング要塞恒例のイベントが、例年4月と9月に行われる春と秋のマーケット。マルクト広場にはアンティーク品やガーデン家具などを売る出店が軒を連ね、生演奏も行われる。要塞の入場料を払えば、マーケットは無料で入ることができる。12月にはクリスマスマーケットも開催。

絶景 32　ベルギー

ブルージュの夜景

眠りから覚めた
屋根のない美術館

ベルギー
ブルージュ

絶景へのご案内

東京からブリュッセル国際空港までは、ヨーロッパや中東の都市を経由して約16～17時間。空港の地下に直結する駅からブリュッセル市内まではエアポート急行で20分程度。ブリュッセルからベルギーの北西に位置するブルージュへは、IC（快速電車）で約1時間10分、乗り換えなしで到着する。快速電車は20～30分おきに出ているので便利。ブルージュ駅から歴史地区の中心、マルクト広場までは約2kmで、徒歩約25分。

たとえば

こんな旅 > 5泊7日

1日目	成田 → イスタンブール → ブリュッセル（ブリュッセル泊）
2日目	王立美術館、サン・ミシェル大聖堂など名所めぐり → ブルージュ（ブルージュ泊）
3日目	マルクト広場、ブルージュの鐘楼、ベギン会修道院と愛の湖など名所めぐり → ブルージュ歴史地区の夜景を楽しむ（ブルージュ泊）
4日目	運河クルーズ → 醸造所で本場のベルギービールを楽しむ（ブルージュ泊）
5日目	ブルージュ → ブリュッセル・ギャルリ・サンテュベールでショッピング（ブリュッセル泊）
6日目	ブリュッセル → イスタンブール →（機中泊）
7日目	成田着

🗨 kaori さん (@xxcaoxx)
屋根のない美術館と言われるのも納得。マルクト広場やチョコレート店で観光客気分を味わうもよし、夜の街をお散歩するもよし。映画の世界に飛び込んだような気持ちになれます。

おすすめの季節

4月から9月

夜景を楽しむのが目的の場合は、気温の高い時期がおすすめ。夏の日中は30度を超える日もあるが、朝晩は気温が少し下がるので、薄手の羽織りものがあると便利。

旅の予算

約32万円から

ブリュッセル、ブルージュのホテルの宿泊料金は1泊約2万円～。ブリュッセルからブルージュまでの電車料金（往復）は約5400円。

旅のポイント

中世の街並みがそのまま残され、市街を縦横に運河や赤レンガの家々が広がる光景が美しいブルージュ歴史地区。その歴史的・文化的価値の高さから世界遺産にも登録されている。ベルギーの首都・ブリュッセルから快速電車で約1時間と、アクセスがいいのも魅力だ。歴史的建築物を見学したり、古い街並みを散策したり、王道の観光を楽しみたい。

More Fun!
+α の
お楽しみ

欧州で最古の
ショッピングアーケードのひとつ

ブリュッセル中央駅から歩いて約5分。ギャルリ・サンテュベールは、アーチ型のガラスの天井と、その両側に続くアールヌーボー様式の装飾が美しいショッピングアーケード。チョコレートやレース製品など、ベルギーの名産品を扱うショップが軒を連ねている。美術館のようなアーケードで、お土産物探しはいかが？

3つの世界遺産が共存！？

ブルージュ歴史地区内には、異なる世界遺産の一部である「ベギン会修道院」「ブルージュの鐘楼」があり、一度に3つの世界遺産が楽しめる。マルクト広場に面したブルージュの鐘楼は頂上まで登ることができ（ただし階段で！）、ブルージュの町が一望できる。

かつてのハンザ商人の富を伝える
ギルドハウスが並ぶ

ブルージュ歴史地区は、ハンザ同盟の中心地として毛織物業などで繁栄を極めた名残をとどめる地区。ハンザ商人の富の象徴だった切妻屋根のギルドハウスが並び、独特の景観を見せている。

おまけ
高さ122mのレンガ塔が目を引く聖母大聖堂は、世界遺産「ブルージュ歴史地区」の構成資産のひとつで、ミケランジェロの「聖母子像」があることでも有名。ミケランジェロの作品がイタリア国外に持ち出されるのは非常に稀なことであり、ブルージュの宝と言われている。

絶景　33　プロチダ島 コッリチェッラ　イタリア

イタリア南部ナポリから船で1時間ほどの距離にあるプロチダ島。その港町コッリチェッラは17世紀ごろから続く漁村で、崖沿いにパステルカラーの建物が所狭しと立ち並んでいる。派手な色で塗装されている理由は、漁師たちが海からでも自分の家を認識するためだと言われている。のんびりとした昔ながらの漁村の風情を残す港町は映画の舞台にもなっており、多くの観光客が訪れる。

絶景 34 **マントン** フランス

イタリア国境にも程近いコート・ダジュール地方にある街。地中海に面した海岸や色とりどりの街並みが美しく、「フランスの真珠」の異名をもつ。旧市街には中世の面影が残り、黄色やオレンジ色などに塗られた建物が密集する様子はまるで絵本の世界のよう。温暖な気候からレモンの一大生産地でもあり、毎年2月に行われる「レモン・フェスティバル」には世界中から20万人以上が集まる。

絶景 33　イタリア

プロチダ島 コッリチェッラ

パステルカラーの港町は まるで絵本の世界

イタリア

プロチダ島

絶景へのご案内

プロチダ島はナポリ湾に浮かぶ小島。東京からは経由便でナポリ・カポディキーノ国際空港へ。空港からはシャトルバスに乗りベヴェレッロ港に向かう。所要時間は約45〜55分。港からフェリーを利用すると約1時間、水中翼船を利用すると約40分でプロチダ島のマリーナ・グランデに到着する。小さい港を降りるとカラフルな色の建物が目に入り、気分も上々。港から徒歩約15分でコッリチェッラに着く。

たとえば

こんな旅 ＞ 3泊6日

1日目	羽田 → 北京で乗り継ぎ → （機中泊）
2日目	ミラノで乗り継ぎ → ナポリ → バスでベヴェレッロ港 → 水中翼船でプロチダ島 → ボートツアーに参加（プロチダ島泊）
3日目	海岸を散歩 → 展望台からコッリチェッラを一望 → アバロス宮殿、サンミケーレ・アルカンジェロ修道院などを見学し、街の路地を散策 → ナポリ（ナポリ泊）
4日目	ナポリ王宮、ナポリ大聖堂などを観光（ナポリ泊）
5日目	ナポリ → ミラノで乗り継ぎ → （機中泊）
6日目	北京で乗り継ぎ → 羽田着

沢田浩さん
ナポリからプロチダへの船は高速艇がおすすめ。30〜40分で着くことができます。

おすすめの季節

4月から9月

7〜8月は暑いが年間を通して温暖な気候。特に6月から9月までは晴天が多く、旅行に適したシーズン。逆に10月から2月は雨の日が多くなる。

旅の予算

約23万円から

プロチダ島のホテルの宿泊料金は1泊約1万5000円〜、ナポリのホテルの宿泊料金は1泊約1万円〜。水中翼船の料金（往復）は約7500円〜。プロチダ島のボートツアーの料金は約7500円〜。

旅のポイント

プロチダ島は穏やかでのんびりとした時間が流れる島。日帰りでも観光できるが、1泊して島の雰囲気を味わうのもおすすめ。また島内は坂道が多いので、観光の際に履き歩きやすい靴を持っていること。コッリチェッラの海岸沿いも風情があるが、全景を見渡すなら、島東部、テッラ・ムラータ地区にある展望台に登ろう。

More Fun!

+α の お楽しみ

足が疲れたら 三輪車のタクシーで

レトロなミクロタクシーは、以前はたくさん島を走っていたが、現在ではわずか2台稼働するのみ。5人まで乗車可能。チャンスがあったら乗ってみてはいかが？

人びとの生活を垣間見れる島

プロチダ島には無数の路地があり、歩くと洗濯物を干している民家など、島に住んでいる人達の生活を感じることができる。美しいだけの観光地ではない、もうひとつの魅力。

島の歴史とともに 歩む修道院

サンミケーレ・アルカンジェロ修道院は、11世紀初頭にベネディクト派の礼拝堂として建てられた。教会内は美しい装飾が施され、地下にはスペイン占領下時代の礼拝の道具や棺が残されている。

おまけ　プロチダ島はアカデミー賞5部門にノミネートされたイタリア映画、『イル・ポスティーノ』のロケ地にもなったことで有名。撮影で使われたレストランやカフェも健在。またマット・デイモン、グウィネス・パルトロー、ジュード・ロウが出演したアメリカ映画『リプリー』の舞台にもなっている。

絶景 34　フランス

マントン

イエローづくしの世界は
おとぎ話の1ページ

フランス

マントン

絶景へのご案内

フランス南部にあるマントンの最寄りの空港は、ニースのコート・ダジュール空港。ニースからマントンまでは電車で約35分。駅から15分ほど歩くと、美しい黄色い壁の建物が立ち並ぶ旧市街に到着。ランドマークとなるサン・ミッシェル大聖堂を目指して海岸から迷路のような階段や坂道を登っていくと、淡い黄色の建物が軒を連ねる光景を見ることができる。

たとえば
こんな旅 > 3泊5日

1日目	羽田 → パリで乗り継ぎ → ニース（ニース泊）
2日目	ニース → 電車でマントンへ・旧市街で黄色い街並みやサン・ミッシェル大聖堂などを観光 → ヴァル・ラメ＝マントン植物園を見学（マントン泊）
3日目	海岸を散歩 → ジャン・コクトーの2軒の美術館を訪れる → 街中でショッピング → 電車でニースへ（ニース泊）
4日目	サレヤ広場でマルシェを見学 → マセナ広場で休憩 → ニース → パリで乗り継ぎ → （機中泊）
5日目	羽田着

💛 詩歩
青い街、白い街、カラフルな街はありますが、こんなに黄色に染まった街があるなんて！ ビタミンカラーいっぱいで、なんだか元気が出てきそう♪

おすすめの季節
初春～秋

年間に快晴の日が300日を超え、冬でも温暖なマントン。年間を通して観光に適している。町が活気づくのは、バカンスシーズンと、2月中旬～3月初旬に開催されるレモン祭りの時期。

旅の予算
約26万円から

ニースとマントンのホテルの宿泊料金は1泊約1万6000円～。ニースからマントンまでの電車料金（往復）は約2000円。

旅のポイント

マントンの旧市街はコンパクトなので、いろいろ観光をしても半日あれば見て回れる。時間に余裕があれば、近隣の街を訪れてみても。マントンからバスで、天空にそびえるエズ村や、「地中海の宝石」と称されるモナコなどに行くことができる。なお、レモン祭りの時期はニースでカーニバルが行われており、航空券などの予約が取りにくくなるので注意。

More Fun!
+αのお楽しみ

季節の花々が美しい植物園

旧市街から歩いて20分ほど。坂道の上にあり、碧い海を見下ろせるヴァル・ラメ＝マントン植物園。熱帯植物や季節の花が咲き乱れる庭園は、一見の価値あり。散歩の途中に立ち寄ってみては？

レモン関連のお土産品がいっぱい

レモンの産地として名高いマントン。レモンをモチーフとした石鹸など、さまざまな商品が売られている。おすすめはレモンを使ったジャムやお酒のリモンチェッロ。

コクトーも魅了された街

マントンは多彩な才能を持つ芸術家ジャン・コクトーが愛した街。コクトーは市庁舎・婚礼の間の内装を手掛け、マントンの帽子を被った新婦と漁師の帽子を被った新郎を壁面に描いた。また市内には「ジャン・コクトー要塞美術館」と「ジャン・コクトー美術館―セヴラン・ワンダーマン・コレクション」がある。

おまけ　コート・ダジュールには、切り立った崖の上に作られた「鷲の巣村」と呼ばれる要塞都市が点在し、成り立ちは中世にさかのぼる。そのひとつが、マントンの西、車で30分ほどの場所にあるエズ村。見どころは何と言っても美しい街並みと、コート・ダジュールとリビエラ半島の眺望。足を延ばす価値あり。

絶景 35　ブエノスアイレス　アルゼンチン

南米有数の大都市である首都ブエノスアイレス。1816年にスペインから独立して以来ヨーロッパからの移民を積極的に受け入れたことから、美しい欧風の町並みが広がっている。その光景は「南米のパリ」と称されるほどで、スカラ座（ミラノ）・オペラ座（パリ）と並ぶ世界三大劇場のひとつ、コロン劇場もある。ブエノスアイレスはスペイン語で「buenos（よい）aires（空気）」を意味する。

絶景 36　ジョードプル　インド

インド北西部ラジャスターン州にある、1459年にマールワール国の首都として建設された街。城壁によって旧市街と新市街に分かれており、内側にある旧市街はほとんどの建物が青色で統一され「ブルーシティ」と呼ばれている。理由は諸説あり、暑い夏を快適に過ごすためや、シロアリ対策のためなどと言われている。旧市街には砦や王宮、寺院が残り、まるでマンガ作品の舞台のような光景が広がっている。

絶景 35　アルゼンチン

ブエノスアイレス

ヨーロッパの香り漂う
南米イチの芸術都市

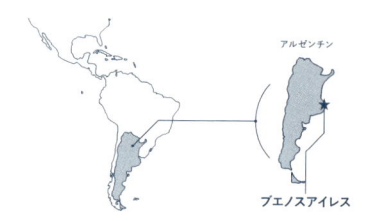

アルゼンチン

ブエノスアイレス

　絶景へのご案内

首都・ブエノスアイレスの空の玄関口はエセイサ国際空港。日本からの直行便は就航していないので、アメリカやヨーロッパ、中東などの各都市を経由することとなる。空港からブエノスアイレス市内のマデロターミナルまでは、シャトルバスで約50分。ターミナルから街の中心地、五月広場までは徒歩15分ほど。

🅰 zumikoさん
老舗カフェめぐりがおすすめ。100年以上の歴史があるカフェも。ノスタルジックな空間を楽しんで！

たとえば
こんな旅 > 3泊7日

1日目　成田 → 仁川で乗り継ぎ →（機中泊）

2日目　アディスアベバで乗り継ぎ → サンパウロで乗り継ぎ → ブエノスアイレス（ブエノスアイレス泊）

3日目　ブエノスアイレスを散策し、ヨーロッパ風の街並みを堪能 → コロン劇場の見学ツアーに参加（ブエノスアイレス泊）

4日目　世界で2番目に美しい本屋エル・アテネオ、レコレータ墓地、アルゼンチン国立美術館などブエノスアイレスの名所を観光（ブエノスアイレス泊）

5日目　ブエノスアイレス → バスでカミニートへ・街歩きしながらお土産探し → ブエノスアイレス →（機中泊）

6日目　サンパウロで乗り継ぎ → アディスアベバ →（機中泊）

7日目　仁川 → 成田着

おすすめの季節

12月から5月、9月から11月

南半球のアルゼンチンでは、9〜11月が春、12〜2月が夏、3〜5月が秋、6〜8月が冬。気候のよいのは春と秋だが、降雨を避けるのなら夏。

旅の予算

約27万円から

ブエノスアイレスのホテルの宿泊料金は1泊約1万円〜。コロン劇場の見学ツアーは約4000円〜。

旅のポイント

おすすめは大統領官邸のカサ・ロサダから五月広場、広場から続くディアゴナル・ノルテ通りのコロン劇場までのルート。ヨーロッパ風の街並みが堪能できる。なお、ブエノスアイレスとその周辺、特に有名観光地、長距離バスのターミナル、地下鉄・鉄道の駅周辺は強盗や盗難が多発しているので注意が必要。またスラム街（ビジャ）には近づかないこと。

More Fun!
+αの
お楽しみ

世界三大劇場のひとつ
コロン劇場

パリのオペラ座、ミラノのスカラ座と並び世界三大劇場の一角を占めるブエノスアイレスのコロン劇場。内装の豪華さもだが、音響のよさも世界有数。劇場内を案内してくれるツアーもある。

草原の英雄「ガウチョ」

ガウチョとは草原地帯で牧畜を行う牧童のこと。19世紀の独立戦争に従軍して活躍したことから、英雄として尊敬されるようになった。ブエノスアイレス近郊のサン・アントニオ・デ・アレコは、ガウチョ文化を継承している町として有名。

世界有数の牛肉消費国

アルゼンチン牛は肉質がよいことで定評がある。1人当たりの消費量は日本人の8倍ほどにあたるそう。ぜひとも食べてみたいのが、塊肉などを炭火で焼くBBQ料理、アサード。塩や酸味のあるソースをつけていただく。

　おまけ　おしゃれな街並みの多いブエノスアイレスの中でも人気なのが、ボカ地区にあるカミニート。19世紀末から20世紀初頭に移民を誘致した際、港町として栄えた場所で、特にイタリア系移民が多かったことから彼らの文化が色濃く残っている。カラフルな建物やセンスのよい雑貨店など、見どころ満点。

絶景 36　インド

ジョードプル

あの海賊アニメのモデルかも？
青色に染まるブルーシティ

インド

ジョードプル

絶景へのご案内

目的地のジョードプルは、首都デリーの南西約600kmに位置する街。日本からは、まず直行便または経由便でデリーのインディラ・ガンディー国際空港まで行き、国内線に乗り換えてジョードプル空港まで行く（デリーから約1時間20分）。空港からジョードプル市内へは約5km。移動手段はタクシーかオートリキシャ（三輪タクシー）となる。旧市街の時計塔までは20〜25分程度で到着する。

たとえば
こんな旅 > 3泊6日

1日目	成田 → 香港 → デリー（機中泊）
2日目	デリー → ジョードプル → 旧市街の青い街並みを散策（ジョードプル泊）
3日目	メヘラーンガル城塞、ジャスワント・タダを見学（ジョードプル泊）
4日目	ジョードプル → デリー → フマユーン廟やアクシャルダム寺院を見学（デリー泊）
5日目	カーン・マーケットでショッピング → デリー → 香港（機中泊）
6日目	香港 → 成田着

> &さん
> 時計塔の近くで売られているサリーは装飾が多くてキラキラ！ 大きな風呂敷に近づくと好みに合わせてたくさん試着させてくれます。

おすすめの季節

12月から2月

12〜2月は乾季で雨が少なく、気温も昼間は20℃前後程度なので街歩きにはぴったり。朝晩は冷え込む日もあるので温度調節できる服装で。

旅の予算

約22万円から

ジョードプルのホテルの宿泊料金は1泊約1万5000円〜。デリーのホテルの宿泊料金は1泊約8000円〜。

旅のポイント

古くからオアシス都市として栄えたジョードプルは歴史ある建物も多く、歩いているだけでも楽しい街。日本と環境の異なるインドの旅は体力を消耗しやすいので予定は詰め込まず、タクシーやオートリキシャ、ツアーも上手に利用しよう。また、インド全域で危険情報が出ているので犯罪やテロへの注意も忘れずに。

More Fun!

+α の
お楽しみ

時計塔の周りに広がる
マーケットが楽しい

旧市街の中心、サダルストリートにある時計塔は、1910年にイギリスから持ち込まれたジョードプルのシンボル。周囲には、野菜や果物といった生鮮食品の店や雑貨店、露店が立ち並ぶ。その一角にある「チョーハンオムレツ」は、おいしいと評判のオムレツの店。興味のある人は、ぜひ試してみて！

世界遺産にも登録された
ムガール建築の建物

インド・ニューデリーの北東部に位置するフマユーン廟は、ムガール帝国の第2皇帝であったフマユーンが眠る霊廟。大きなドームやアーチ型のゲートが特徴的なこの美しい建物は、ムガール様式建築の原点とされ、インド・イスラム文化の代表的建造物であるタージ・マハルにも影響を与えたと言われている。

インドに現存する
もっとも大きな建造物のひとつ

標高約130mの岩山に建つメヘラーンガル城塞は、15世紀半ばにマールワール国のマハラジャが建てた建造物で、城壁からはブルーシティを一望でき、特に夕陽が沈む光景は見事。内装も素晴らしく、展示されている所蔵品も見応えは十分。また、夜になると城塞がライトアップされる。

おまけ
ニューデリーにあるアクシャルダム寺院は、ギネスブックにも登録されている世界最大の総合ヒンドゥー寺院。敷地面積は東京ドーム約9個分で、近くで見るとその大きさは圧巻。なお、神聖な場所なので肌の露出はNG。ショートパンツなどの場合はサロン（巻きスカート）を借りよう。

絶景 37 **預言者のモスク** サウジアラビア

メッカと並ぶ2大聖地の一つ、メディナ。西暦622年に預言者ムハンマドが移り住み、その住居に接して建てられた礼拝堂が「預言者のモスク」で、モスクの原型と言われている。ムハンマドの墓廟があり、100万人の巡礼者を収容可能。日中は屋外の巨大日傘が連なる景色を、夜はライトアップを楽しめる。2022年にメディナへの観光客の受け入れが解禁されたが、モスク内に入れるのは現在もムスリム限定。

絶景 37　サウジアラビア

預言者のモスク

ついに観光解禁！
ベールに包まれた謎多き聖地

サウジアラビア

メディナ

絶景へのご案内

日本とサウジアラビア間は直行便が就航していないため、アジアもしくは中東で乗り継ぎをする。日本からメディナまでの所要時間は乗り継ぎでの待ち時間によっても異なり、約17時間〜約40時間と幅がある。メディナのプリンス・モハンマド・ビン・アブドゥルアズィーズ国際空港から預言者のモスクまでは約23kmで、タクシーやUberで約25分。また、国際線が多く乗り入れるサウジアラビア第2の都市ジェッダから入国して、ハマライン高速鉄道でメディナに向かう方法もある。

たとえば

こんな旅 > 4泊8日

1日目	成田 → イスタンブールで乗り換え →（機中泊）
2日目	メディナ → タクシーでホテル → 仮眠 → 現地ツアーでクバーモスク、セブンモスク、ウフド山などを観光 → 夕方、預言者のモスクに向かいライトアップを見学（メディナ泊）
3日目	メディナ → バスでアルウラ →（アルウラ泊）
4日目	現地ツアーに参加・ヘグラの考古遺跡 → エレファントロックを観光（アルウラ泊）
5日目	アルウラ → バスでメディナ →（メディナ泊）
6日目	アル・ノール・モールでお土産探し → メディナ → ドバイで乗り継ぎ →（機中泊）
7日目	コロンボで乗り継ぎ →（機中泊）
8日目	成田着

💬 **野町和嘉さん**
預言者のモスクは、メッカとともにイスラームの2大聖地であり、内部は異教徒立ち入り厳禁。ただし近くまで行くバスツアーを利用できます。

おすすめの季節

11月から3月

サウジアラビアの面積は日本の6倍もあるうえに、砂漠地帯の内陸部と海に面している地域では気候も異なる。概ね11〜3月の冬季は、日中は暖かく行動しやすいが、夜は冷え込む日も。

旅の予算

約29万円から

メディナ、アルウラのホテルの宿泊料金は各約2万円〜、約2万5000円〜。メディナからアルウラまでのバス代（往復）は約9000円、メディナとアルウラで参加したツアー料金は各約2万円〜。

旅のポイント

預言者のモスクでは非ムスリムは、基本的に中に入ることは許されない。モスクには宗教警察もいて、違反した人は注意または連行される場合も。女性は露出や体のラインがわかる服装は避け、スカーフで髪を覆うなど現地のマナーに合わせよう。なお、現在サウジアラビアでは危険情報が出ているので安全には注意を。

More Fun!
+αの
お楽しみ

おめでたいときの定番
国民食・カブサ

カブサは米と鶏肉や羊の肉を炊いたサウジアラビアの伝統料理。日本の赤飯のように祝い事があるときに振舞われる。

歴史マニアなら訪れたい
古代都市アルウラ

時間が許すなら、足を延ばしてアルウラの世界文化遺産に登録された「ヘグラの考古遺跡（アル＝ヒジュル／マダイン・サーレハ）」や「エレファントロック」のツアーに参加してみよう。壮大で悠久の時を感じさせる遺跡は一見の価値あり。

都市間の交通は
高速鉄道が便利

メッカ、メディナ、ジェッダといった主要都市を結ぶハマライン高速鉄道は観光に便利。メディナ-ジェッダ間は所要時間約1時間40分、片道運賃は約1万円〜で運行数も多い。チケットはWEBから簡単に購入できる。
rail.ninja/saudi-arabia-trains

おまけ　日中、預言者のモスクを訪れると建物の外部に連なっているのが、日差しを遮るためのアンブレラ。このアンブレラのテント製造を行ったのは、なんと日本の会社！　素材は預言者のモスクのために特別に開発されたもので、不燃性はもちろん現地の厳しい気象条件に対応する耐久性なども考慮されている。

真冬の流氷を列車でめぐる旅

北海道

text: 詩歩

「2024年は流氷の当たり年」。そんなニュースを見て、わたしは1年前の北海道旅行を思い出していました。

2023年2月、わたしは友人と網走へ行きました。旅の目的ははじめての流氷クルーズ！ 流氷は文字通り「流れる氷」でシーズン中でも見られない日が多いのですが、ホテルの部屋から海を見ると、水平線が白く縁取られています。「流氷あるじゃん！」と、ワクワクしながら港へ。

クルーズ船「おーろら号」の乗船所は道の駅にあり、観光客で賑わっていました。しかし券売所だけ、なぜかガラーンとしています。「イヤな予感がする……」と思いながら話を聞くと、先ほどまであった流氷は、船がたどり着けない場所まで流れていってしまったとのこと！ がーん！

流氷は多い日で1日30kmも移動するとか。泣く泣くその便はキャンセルし、予備でとっておいた明日の便にかけることにしました。

翌日。窓を開けると……昨日と同じく、この段階ではまだ流氷が見えます。「お願い！どこにもいかないで！」祈りながら港へ向かいます。

幸い今回は無事に出航するとのことで、いざ出発。

最初は普通の海でしたが、15分ほどすると遠くに白い帯が見えてきました。ついにあった、これが流氷だ！

最初に船が流氷に触れる瞬間はどうなるのかな？ と思いきや、特に衝撃もなく静かに流氷帯に突入。360°白い大地に囲まれました。船尾に行くと、氷の大地のなかに船が描いた青い軌跡が伸びます。

流氷は何畳分もあるものから、小さなものまで様々。薄い部分は光が透けて青く輝いて見えます。遠いロシアから、はるばる北海道まで流れ着いた氷たち、いったいどんな旅をしてきたんだろう……そんなことを考えるうちに、あっという間に1時間の船旅が終わりました。

その後は「流氷味」のジェラートを食べ、観光列車「流氷物語号」へ乗車。図らずも乗ったのはその年の最

おーろら号は氷のかたまりを船の重さで砕氷する方式。流氷が船を避けるようにして進んでいきます。

終便！ 駅員さん総出でお見送りをしてくれて、心温まる時間でした。列車は流氷が残るオホーツク海沿いを進み、途中「流氷に一番近い駅」で下車観光しながら、知床斜里へ到着。

知床では流氷のサンセットツアーを予約していました。

車窓に広がる真っ白な大地を指し、「これ、全部流氷です」とガイドさん。知床は流氷が滞留するため、海岸から水平線までギッシリ流氷が埋めつくしているのです。

そして海岸に打ち上げられた流氷の上でオン・ザ・ロックをいただきました。流氷を間近で見ると、水中に隠れた部分が大きいこと、層状に凍っていることがよくわかります。手袋で触れたら、冷たすぎてくっついてしまいました。

宿泊したホテルは、部屋はもちろん最上階のサウナからも流氷が見られました。流氷がぶつかり合う「キュッキュッ」という音がBGM。流氷を感じながらととのうなんて、世界唯一では？ 外気浴が寒すぎるのは難点だけれど（笑）

五感で流氷を感じた旅。次は紋別のガリンコ号に乗ってみたいなあ。

Check!

✏️ 実際の旅のスケジュールも大公開！ 詳しくはp131をご覧ください。

✏️ 流氷に乗るのは危険が伴うため、必ずツアーに参加しましょう。

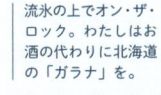

流氷の上でオン・ザ・ロック。わたしはお酒の代わりに北海道の「ガラナ」を。

北海道

網走駅　知床斜里駅

絶景 38　アヤ・ナパ海底彫刻美術館　キプロス

地中海に浮かぶキプロス島のアヤ・ナパに2021年に開館した海底美術館。彫刻家ジェイソン・デカイレス・テイラー氏による93体の彫刻が最大水深10mの"館内"に展示され、ダイビングはもちろん、シュノーケリングでも楽しむことができる。作品は環境に配慮した素材で作られていて、サンゴなどの生物や植物が住み着いて彫刻自体が変化していく様子も芸術として楽しむことができる。

絶景 39　セレンゲティ国立公園 バルーンサファリ　タンザニア

タンザニア北西部にある、キリマンジャロの麓に広がる国立公園。セレンゲティとはマサイの言葉で「果てしなく広がる平原」を意味し、日本の四国に匹敵する広さ。約300万頭の野生動物が生息しており、中でも草食動物であるヌーが食料を求めてサバンナを大移動する習性が有名。園内はサファリツアーに参加して見学することができ、気球に乗って上空から見下ろすバルーンサファリが人気。

絶景 38　キプロス

アヤ・ナパ海底彫刻美術館

地中海に広がる
竜宮城の世界へようこそ

キプロス

アヤ・ナパ
海底彫刻美術館

絶景へのご案内

日本からキプロスのラルナカ国際空港へは、中東などの各都市を経由して入国する。空港からキプロス東部のリゾート地アヤ・ナパまでは、カプノス・エアーポートシャトルに乗って約40分。レンタカーの場合は、A3（Aは制限速度100km/時速の高速道路）をほぼ海岸線に沿って東に約57km走り、40分ほどでアヤ・ナパに到着する。アヤ・ナパの街中から海底彫刻美術館があるペルネラビーチまでは、車で約5〜6分、または徒歩で約30分。

たとえば
こんな旅 > 2泊5日

1日目	成田 →（機中泊）
2日目	ドバイで乗り継ぎ → ラルナカ → バスでアヤ・ナパへ → 散歩がてらニッシビーチへ（アヤ・ナパ泊）
3日目	アヤ・ナパ海底彫刻美術館でシュノーケリングしながら鑑賞 → ペルネラビーチで日光浴 → アヤ・ナパでキプロスグルメを楽しみ、クラブやバーへ（アヤ・ナパ泊）
4日目	ツアーに参加し、ファマグスタなど北キプロスを観光 → アヤ・ナパの街でショッピング → ラルナカ →（機中泊）
5日目	ドバイで乗り継ぎ → 成田着

> 💬 詩歩
> わたしはダイビングのライセンスを持っていないので、シュノーケリングでも楽しめるのがうれしい。海中に突如あらわれる人間の彫刻はかなりリアルで、そのうち動き出すのでは!? と不安になりそうです（笑）

おすすめの季節

5月中旬から10月中旬

5月中旬から10月中旬までが夏。この期間、降雨はほとんどなく快晴が続く。12〜2月の冬の期間は気温が下がり、雨の日も見られる。

旅の予算

約32万円から

アヤ・ナパのホテルの宿泊料金は1泊約2万円〜。海底彫刻美術館の入館料は無料だが、シュノーケリングをするなら約4200円、ダイビングをするなら約1万円をダイビングスクールに払う。空港からアヤ・ナパまでのバス料金（往復）は約3700円。北キプロスツアーの料金は約1万円。

旅のポイント

アヤ・ナパ海底彫刻美術館の水中入口は、ペルネラビーチ沖200mに位置している。入館するには、登録されたダイビングスクールを通して予約が必要。シュノーケリングまたはダイビングをしながら作品を鑑賞する。ダイビングスクールのリストは美術館の公式サイトに掲載されている。
musan.com.cy/approved-diving-schools/

More Fun!
+α の
お楽しみ

ノスタルジックな
レフカラ村

美しい海以外にも見どころが多いキプロス。トロードス山脈の南麓にあるレフカラ村は、日本旅行業協会の「ヨーロッパの美しい村30選」にも選ばれた村で、石畳の小道を挟んで石造りの家並みが続く光景はどこか懐かしい。レースと銀細工でも有名。

©Freebee／PIXTA

海中の泡から生まれた女神

キプロスにはギリシャ神話に因んだ場所がいくつかあり、島の西部に位置するペトラ・トゥ・ロミウ海岸は、愛と美の女神アフロディーテ誕生の地といわれる。

©Ambeon／PIXTA

悲劇『オセロ』の
舞台となった塔

キプロス東部のファマグスタにある「オセロ塔」。14世紀に港を守るために堀のある城塞として建てられ、「侵入不可能な要塞」としても知られていた。シェイクスピアの戯曲『オセロ』はキプロスの港町を舞台にしており、ここから名前を取ったといわれている。

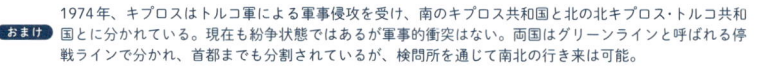

おまけ　1974年、キプロスはトルコ軍による軍事侵攻を受け、南のキプロス共和国と北の北キプロス・トルコ共和国とに分かれている。現在も紛争状態ではあるが軍事的衝突はない。両国はグリーンラインと呼ばれる停戦ラインで分かれ、首都までもが分割されているが、検問所を通じて南北の行き来は可能。

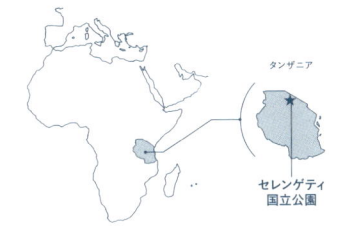

タンザニア
セレンゲティ
国立公園

セレンゲティ国立公園
バルーンサファリ

果てしなく広がる草原で
生命の輝きを見る

絶景へのご案内

日本からは中東やヨーロッパの都市などを経由してタンザニア北部にあるキリマンジャロ国際空港に向かい、車に乗って1時間30分ほどで観光の拠点となるアルーシャに到着する。この町からセレンゲティ国立公園までは、小型飛行機で約50分、車だと約5時間の距離。セレンゲティ国立公園はサファリカーからの見学が必須で、個人手配は難しいのでサファリツアーを申し込むのが一般的。バルーンサファリに参加すると、広大な公園や野生動物の生態を上空から眺めることができる。

たとえば
こんな旅 > 4泊7日

1日目	成田 → ドーハで乗り継ぎ → （機中泊）
2日目	キリマンジャロ → 車でアルーシャへ（アルーシャ泊）
3日目	アルーシャ → 3日間のサファリツアーに参加・セレンゲティ国立公園でサファリ体験（セレンゲティ国立公園泊）
4日目	早朝、バルーンサファリを楽しむ → ピクニックランチ → サファリ体験（セレンゲティ国立公園泊）
5日目	早朝サファリ体験 → アルーシャに戻り、マサイマーケットでショッピング（アルーシャ泊）
6日目	アルーシャ文化遺産センターを見学 → アルーシャ → キリマンジャロ → ドーハで乗り継ぎ → （機中泊）
7日目	成田着

> ♥ 330minminさん
> 上空は寒く厚着マスト。日の出を鑑賞できて、着陸後に大草原でシャンパン＆朝食が楽しめる早朝プランがおすすめです。

おすすめの季節

6月から10月

6～10月の乾季はバルーンサファリに最適な時期。セレンゲティ国立公園の最大の見ものである「ヌーの大移動」は、4～6月頃は公園西部、7～9月頃は公園北部で見られ、10～12月頃には南下を始める。

旅の予算

約60万円から

アルーシャのホテルの宿泊料金は1泊約4000円～。キリマンジャロ空港からアルーシャへの送迎車の料金（往復）は約5000円～。サファリツアーの料金（3日間、バルーンサファリ付き）は約43万5000円～。ただし、さまざまなツアーがあり、内容により料金も大きく異なる。

旅のポイント

セレンゲティ国立公園は「ビッグ・ファイブ」と呼ばれるサファリで人気のライオン、ゾウ、バッファロー、ヒョウ、サイとの遭遇率が高いとされる。バルーンサファリは早朝に開催されるので、行程に組み込まれたパッケージツアー、または宿泊先からの送迎サービスがあるツアーを選ぶとよい。

More Fun!
+αのお楽しみ

トウモロコシが原料の
タンザニアの主食

トウモロコシの粉を熱湯に入れて練ったウガリは、タンザニアの伝統料理。肉や魚を焼いた料理や豆の煮込みなどと一緒に食べる。また、小麦粉の生地を薄く伸ばして焼いたチャパティも代表的な料理。街中の食堂や屋台で気軽に食べることができる。

アフリカ大陸最高峰キリマンジャロ

標高約5895mを誇るキリマンジャロ。ゾウなどの野生動物が暮らすほか、アフリカ固有の高山植物・ジャイアントセネシオ（写真）など珍しい植物も見られる。登山ルートが整備されているので、高山病対策を十分に取れば一般登山者でもチャレンジしやすい。決して楽な挑戦ではないが山頂からの景色は一生の思い出になるはず。帰りにキリマンジャロのコーヒー豆を購入するのもお忘れなく！

人間と野生動物が共存する
自然保護区

ンゴロンゴロ自然保護区は、南北約16km、東西約19kmという世界有数のカルデラ。絶滅危惧種のクロサイを含む、約2万5000頭の野生動物が生息している。もともとはセレンゲティ国立公園の一部だったが、この地域で生活していた原住民・マサイ族の権利を守るとともに、人間と動物との共生を目指すため、自然保護区となった。

おまけ

タンザニアでは、マラリアやデング熱などの感染症が報告されている。これらの感染症は蚊などによって媒介されるので、虫除けスプレーを活用したり、素肌を出さない長袖の洋服を着たりするようにしよう。また、アルーシャでは現在危険情報が出ているので、犯罪やテロへの警戒を。

絶景 40　アイト・ベン・ハドゥ　モロッコ

モロッコ中部・ワルザザート近郊にある要塞化された集落「カスバ」のひとつ。17世紀頃にハドゥー族によって作られたもので、闘争や略奪から村を守るために砦のような構造となっている。建物は日干しレンガで作られ、今なお数家族がここで暮らしている。映画「グラディエーター」のロケ地としても有名。このエリアはアーモンドの名産地でもあり、2月頃には桜によく似たピンク色の花見が楽しめる。

絶景　41　　アッシュリッジ・エステート　イギリス

毎年4月下旬から5月末にかけて見頃を迎え、イギリスで春を告げる花として親しまれている「イングリッシュ・ブルーベル」。その名所の一つが、ロンドン近郊にある、ナショナルトラストが管理する2000haの広大な森「アッシュリッジ・エステート」で、木々の間にブルーベルが群生して一面をブルーに染める、青紫の絨毯のような光景が見られる。映画「ハリー・ポッター」シリーズのロケ地になったことでも有名。

絶景 40 モロッコ
アイト・ベン・ハドゥ

中世から続く要塞集落は
いまも現役で活躍中

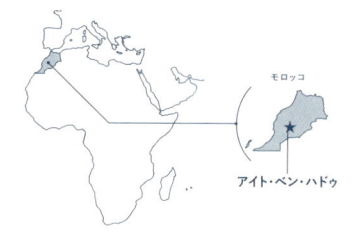

モロッコ

アイト・ベン・ハドゥ

絶景へのご案内

アイト・ベン・ハドゥに一番近い国際空港はマラケシュ・メナラ空港。日本からの直行便が就航していないので、アジア、ヨーロッパ、中東の各都市で乗り継ぎする。マラケシュからアイト・ベン・ハドゥまではレンタカー、またはタクシーで行くか（所要時間は約3時間30分）、バスでワルザザートまで行き、さらにバスまたはタクシーで向かう。慣れない土地での移動が不安な場合は、現地ツアーか日本の旅行代理店が組んでいるオプショナルツアーがおすすめ。

たとえば
こんな旅 > 3泊6日

1日目	羽田 → （機中泊）
2日目	イスタンブールで乗り継ぎ → マラケシュ（マラケシュ泊）
3日目	マラケシュ → ツアーに参加してワルザザートとアイト・ベン・ハドゥを観光 → マラケシュ（マラケシュ泊）
4日目	マラケシュの旧市街でアグノウ門、クトゥビーヤ・モスク、ジャマ・エル・フナ広場などの観光名所をめぐる → スークでショッピング（マラケシュ泊）
5日目	マジョレル庭園を散歩 → マラケシュ → イスタンブールで乗り継ぎ → （機中泊）
6日目	羽田着

♥ 詩歩

アーモンドの花は、実は桜と同じバラ科サクラ属で、見た目がよく似ています。見分けるポイントは枝と花をつなぐ花柄。花柄が短く枝から直接咲いているように見えるのはアーモンドが多いです。

おすすめの季節

1月下旬から2月中旬

モロッコでは冬の終わりから初夏にかけて、さまざまな花が楽しめるが、アーモンドの花が楽しめるのは通常1月下旬から2月中旬頃（開花時期は気候などの条件により前後することがある）。

旅の予算

約24万円から

マラケシュのホテルの宿泊料金は1泊2万円〜。ワルザザートとアイト・ベン・ハドゥへのツアー料金は1万4000円〜。

旅のポイント

モロッコの国教はイスラム教。モスクを訪れる場合は肌の露出の少ない服装を心がけよう。女性は大判のストールを持っていくと安心。また、非イスラム教徒はモスク内には入れないこともあるので、各施設で確認しよう。なお、現在モロッコでは危険情報が出ているので、観光客を狙った犯罪やテロなどに警戒しながら行動を。

More Fun!
+αの
お楽しみ

希少な
アルガンオイルを
お土産に

肌や髪のケアに使われるアルガンオイルはモロッコの特産品。モロッコ南西部だけに自生するアルガンツリーの実から抽出される。

ロケ地としても有名な
アイト・ベン・ハドゥ

世界遺産にも登録されているアイト・ベン・ハドゥは、日干しレンガの建物や迷路のような入り組んだ通路が特徴。その異世界のような雰囲気から、映画『アラビアのロレンス』やラルク・アン・シエルのMVなどの多くの作品のロケ地として使われている。

マラケシュの旧市街は
観光スポットの宝庫

サハラ砂漠入口の都市・マラケシュはモロッコで2番目に古い町。旧市街は世界遺産にも登録されている。かつては公開処刑が行われたというジャマ・エル・フナ広場は、連日人で賑わう旧市街の人気スポット。他にもアグノウ門、バイーヤ宮殿など見どころ満載。

おまけ　アーモンドの花が咲くシーズンのモロッコの気候は、日本ほどは寒くはないが、ワルザザード、アイト・ベン・ハドゥなどの内陸は気温が低い。ダウンジャケットや防寒用の下着などの服装を用意しておいた方がよい。また、砂混じりの風が吹くこともあるので、帽子やスカーフを用意しておくと便利。

絶景 41　イギリス

アッシュリッジ・エステート

絨毯のように一面に咲く
春を告げる青の花

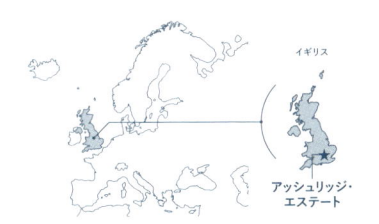

イギリス

アッシュリッジ・エステート

絶景へのご案内

東京からロンドンのヒースロー国際空港までは、直行便で約14時間半。経由便も多数出ている。ロンドンからアッシュリッジ・エステートまでは、車で北西方面へ進み、約1時間。あるいは、ロンドンのユーストン駅からウェスト・ミッドランズ・トレインズに40分ほど乗り、トリング駅で下車。そこから徒歩約40分、または387線のバスでポンドまで行き、そこから徒歩約20分。園内のブルーベルウォークルートに沿って歩くと「ドッキーウッド」にある群生地に到着する。

たとえば
こんな旅 > 4泊6日

1日目	成田 → 仁川 → ロンドン（ロンドン泊）
2日目	電車とバスでアッシュリッジ・エステートへ・イングリッシュ・ブルーベルを鑑賞（ロンドン泊）
3日目	現地ツアーでコッツウォルズのレイコック村へ・ハリーポッターのロケ地をめぐる（ロンドン泊）
4日目	キングス・クロス駅、大英博物館などロンドンの有名スポットを観光（ロンドン泊）
5日目	ロンドン → ソウル（機中泊）
6日目	仁川 → 羽田着

かほりさん

ブルーベルの咲く4月下旬から5月上旬に行くのがおすすめ。服装はハイキングをするような服（ウィンドブレーカー、スニーカーなど）で。

おすすめの季節

4月下旬から5月

イングリッシュ・ブルーベルの見頃は4月下旬〜5月で、観光客がアッシュリッジ・エステートを訪れるのもこの時期が多い。駐車場なども混み合うので、それを見越して予定を立てよう。

旅の予算

約32万円から

ロンドンのホテルの宿泊料金は1人1泊約2万円〜。ユーストンからトリングまでの電車料金（往復）は約6500円。コッツウォルズツアーの料金は約2万5000円。アッシュリッジ・エステートのドッキーウッドの入場料（ブルーベルの最盛期の週末のみ）は約650円。

旅のポイント

イングリッシュ・ブルーベルは変化を好まない植物とされ、この花が咲く森は古代の森といわれる。お花見をしながらイギリスの昔ながらの森も体感してみよう。なお、イングリッシュ・ブルーベルは近年その数を減らし続けているので、保護の対象とされている。散策をするときは、踏んだりしないように、くれぐれも注意しよう。

More Fun!

+αのお楽しみ

English

Spanish

似て非なる
スパニッシュ・ブルーベル

イングリッシュ・ブルーベルに代わり、近年生息域を広げているのが、スパニッシュ・ブルーベル。見分け方は、先に向かってわずかに垂れ下がる茎の片側に花をつけるのがイングリッシュで、スパニッシュはまっすぐに伸びた茎の周囲に花をつける。

子どもも大人も
地球の生態系などが楽しく学べる

ロンドンから車で約5時間、コーンウォール州にあるエデンプロジェクトは、巨大なバイオドームが特徴的な複合型環境施設で、世界の植物を育成している。自然と人間が共存する未来を描くこの施設は、まさに新たな発見の宝庫。イベントやワークショップも開催している。
edenproject.com

700年以上の歴史を誇る
美しいマーケット

金融街シティにあるレドンホール・マーケットは、ロンドンでも最古のマーケットのひとつ。現在の建物は、タワーブリッジの設計者として知られる建築家のジョーンズ卿が1881年に手がけたもので、赤レンガの建物と細かな装飾が豪華。映画『ハリーポッターと賢者の石』のロケ地としても有名。

おまけ
ロンドンの主要ターミナル駅であるキングス・クロス駅。『ハリーポッター』シリーズでは、魔法学校「ホグワーツ」に向かう列車が発着するのが、この駅の9¾線とされている。実際のキングス・クロス駅にも9¾線を再現した撮影スポットがあり、近くには、パーカーや杖などを販売するショップも。

絶景 42　ランプヤン寺院　インドネシア

バリ島東部のスラヤ山に点在する8つの寺院の総称で、標高およそ1000m地点に位置し「天空の寺院」と呼ばれている。寺院の入口にはバリ・ヒンドゥー教独自の建築物である巨大な「割れ門」があり、この門を通過することで邪気が祓われると言われている。麓にあるプナタラン・アグン寺院の正面には標高3000m級の霊峰アグン山があり、割れ門越しにアグン山を望む光景が人気。

絶景 43　アンブルワワタワー　スリランカ

インド中部の古都・キャンディから車で1時間ほどのアンブルワワ寺院にある、高さ約48mの仏塔。標高約1000mのアンブルワ山の山頂に建ち、外壁につくられた細いらせん階段を登ると360°広がるパノラマを眺めることができる。寺院はスリランカ初の多宗教施設も兼ねていて、仏塔とモスク、教会、コーヴィル（ヒンドゥー教の寺院）が共存している姿は多宗教国家のスリランカらしい光景だ。

絶景 42　インドネシア

ランプヤン寺院

霊峰をのぞむ巨大なゲートは
我々を異世界へといざなう

インドネシア

ランプヤン寺院

絶景へのご案内

バリ島のデンパサール国際空港（ングラ・ライ国際空港）へは、ガルーダ・インドネシア航空が成田空港から毎日運行（直行便週6便、マナド経由週1便）している。所要時間は、7〜8時間（マナド経由は+約2時間）。デンパサール国際空港からランプヤン寺院へは、タクシーで約2時間。ただ、ランプヤン寺院へ行くための公共交通機関は基本的にないので、バリ島に不案内な人は、ツアーなどを利用するのがおすすめ。今や大人気の観光地ではあるが、地元の人たちにとっては神聖な信仰の場。お参りをする人たちの迷惑にならないように気をつけよう。

たとえば

こんな旅 > 3泊5日

1日目	成田 → デンパサール → ワルン（食堂）でローカルフードを楽しむ（デンパサール泊）
2日目	現地ツアーに参加 → ランプヤン寺院やティルタガンガをめぐる（デンパサール泊）
3日目	サヌールビーチで朝日を鑑賞 → バリ博物館で伝統文化に触れる（デンパサール泊）
4日目	クンバサリ市場やパドゥン市場で最後のお土産選び → デンパサール →（機中泊）
5日目	成田着

> 井村亜里香さん （@arika_imura）
> 時間をかけても行くべき天国の寺院です！ 撮影するのに混雑するので、なるべく朝早い時間が◎。わたしは車をチャーターして早朝に出発しました。なお、露出のある服装はNGです。

おすすめの季節

4月から10月

雨が少ない乾季（4〜10月）は、気温は30度くらいまで上がるが、湿度が低いので過ごしやすい。ただ、屋外は炎天下なので、帽子やサングラスを用意しておくと安心。

旅の予算

約12万円から

デンパサールのホテルの宿泊料金は1泊約6000円〜。デンパサールからランプヤン寺院までのツアー代金の目安は1人約9000円。

旅のポイント

ランプヤン寺院は、撮影スポットとしても大人気。天空に浮いているかのようなプナタラン・アグン寺院の割れ門には多くの人が並び、撮影の待ち時間が2〜3時間になることも。旅程を組む場合は時間に余裕を持って計画を。また、入場料を支払う入口から割れ門がある場所までは200mほどの坂道を上ることになるので、スニーカーなど歩きやすい靴を履いていこう。

More Fun!
+α の
お楽しみ

本堂へと続く
ドラゴンの
階段

割れ門と対面するようにそびえる階段。上った先に本堂がある。階段は3つ並んでいるが、真ん中の階段は神様が上るためのものなので、人が使うのはNG。1800段ある階段を上るのは大変だが、上からの眺めは素晴らしい。

水と緑のヒーリングスポット
ティルタガンガ

ランプヤン寺院の南西約10kmにあるティルタガンガは、アングラ・クトゥット王が週末に利用する離宮として1947年に建立。湧き水を溜めたプールや噴水などが印象的な宮殿は「水の離宮」とも呼ばれ、ランプヤン寺院とは異なる美しさに癒される。

ランプヤン寺院
参拝の際はサロン
を用意すると◎

暑い季節であっても、肌を多く露出する格好で寺院を訪れるのはNG。寺院の入口でサロン（腰布）を貸してくれることもあるが、現地で売っている安いサロンを1枚買っておくと何かと便利。

おまけ　バリ島料理の代表格のひとつがバビグリン（豚の丸焼き）。「え!? 豚肉を食べてもいいの？」と思った人もご安心を。インドネシアの人口の約90％はイスラム教徒といわれているが、バリ島はヒンドゥー教徒が90％なので、イスラム教では禁止されている豚肉も問題なし。ぜひ、食べてみて。

絶景 43　スリランカ

アンブルワワタワー

山頂にそびえ立つ
天を切り裂く白亜の塔

スリランカ

アンブルワワタワー

絶景へのご案内

アンブルワワタワーがあるのは、スリランカの古都・キャンディの南西約25kmに位置するガンポラ。日本からは直行便または経由便でコロンボのバンダラナイケ国際空港に向かう。コロンボ中心部のコロンボ・フォートからスリランカ鉄道に乗り、キャンディへ。所要時間は2時間30分〜3時間30分程度。タクシーまたはバスに乗り、約1時間でガンポラへ。そこからトゥクトゥクに乗り換え、約20分でアンブルワワ寺院の入口に到着。チケットを購入したら、さらにトゥクトゥクで細い坂道を登るとタワーに辿り着く。

たとえば
こんな旅 > 4泊5日

1日目	成田 → コロンボ →（コロンボ泊）
2日目	コロンボ → 電車でキャンディへ → バスとトゥクトゥクでアンブルワワタワーへ（キャンディ泊）
3日目	キャンディ → ツアーに参加し、シギリヤロックやダンブッラ石窟寺院を見学（キャンディ泊）
4日目	仏歯寺で礼拝 → キャンディ → コロンボ・夜市を散策（コロンボ泊）
5日目	コロンボ → タイ → 成田着

🗣 Akiさん
実際に訪れる人は少ない絶景穴場スポット。登るにつれどんどん幅の狭くなる階段はスリル満点！荷物は少なめにするのがベスト。

おすすめの季節

12月下旬から3月中旬

アンブルワワタワーのエリアのベストシーズンは、温暖で降水量が少ない12月下旬〜3月中旬。雨が多い5月、11月は避けた方がベター。

旅の予算

約17万円から

キャンディのホテルの宿泊料金は1泊約7000円〜。コロンボのホテルの宿泊料金は1泊約6000円〜。コロンボ・フォートからキャンディまでの電車料金（往復）は約1300円。アンブルワワ寺院の入場料は約1000円。シギリヤロックの日帰りツアーの料金は約7500円。

旅のポイント

タワーの半分くらいまでは屋内の階段を、途中から外階段を上る。上に行くほど階段が細くなるので荷物は小さくし、歩きやすい靴で臨もう。多宗教国家のスリランカ。仏塔であるタワーの周囲にはモスク、ヒンドゥー教の寺院、キリスト教会が建てられているので、併せて見学を。なお、現在スリランカ全域で危険情報が出ているので犯罪やテロなどに注意。

More Fun!
+α の
お楽しみ

本場のセイロンティを味わってみよう

スリランカといえばセイロンティ。その最高級ランクの紅茶が、標高1300m以上の茶畑で栽培されている「ハイグロウンティ」。特にスリランカ中央部のヌワラエリヤで栽培される良質な茶葉は、長らく植民地時代のイギリスの紅茶文化を支えてきたといわれる。

仏教徒の聖地で礼拝を体験

シンハラ王朝最後の王都として栄えたキャンディ。街の中心にある世界遺産の仏歯寺は、上座部仏教の聖地として知られる寺院。シンハラ様式の白亜の八角堂や、ブッダの犬歯が祀られた祭壇がある本堂など、見どころがたくさん。1日3回、プージャという礼拝の儀式があり、その時だけ本堂の扉が開かれる。

スリランカ屈指の人気の世界遺産

5世紀、父親を殺害して王位を奪ったカッサバ1世が、その罪の意識から断崖の上に造った王宮が、シギリヤロック。ジャングルの中に姿を現す高さ約180mの王宮は、まるで空中に浮かぶ要塞のよう。岩山の頂に残る王都は、栄華を極めたかつての姿を今も留めている。

おまけ　アジア最大規模の仏教祭典といわれる「ペラヘラ祭り」は、7〜8月の新月から満月の期間にキャンディで開催される、豊作を祈願するお祭り。仏歯を収めた舎利容器を携えてきらびやかに飾られた象や踊り子が、約10日間に渡ってキャンディの街を練り歩く。その熱気は圧巻だ。

絶景　44　　テカポ湖の南天オーロラ　ニュージーランド

テカポ湖は南島中央部にある、ターコイズブルーの湖水が美しい湖。湖畔にある三角屋根の「善き羊飼いの教会」も人気の名所。晴天率が高く、また光害が少ないことからユネスコの星空保護区にも指定されており、夜には満天の星空を見ることができる。「南天オーロラ」と呼ばれる南極上空で発生するオーロラの観測スポットとしても知られていて、運がよければ星空とオーロラの共演を見ることができる。

新・世界の絶景ベストシーズンカレンダー

本書で紹介している絶景60か所のベストシーズンをピックアップしました。「今度の春休みに行けそうな場所はどこ？」「憧れの絶景を目標に長期休みを取ろう」などなど、旅の計画にお役立てください。

地域	絶景	名称	ベストシーズン（月）
ヨーロッパ	絶景 10 →029	ストゥズラギル渓谷（アイスランド）	5月から9月
	絶景 13 →036	DC-3 飛行機とオーロラ（アイスランド）	11月から1月
	絶景 30 →077	トリニティ・カレッジ図書館（アイルランド）	6月から9月
	絶景 41 →105	アッシュリッジ・エステート（イギリス）	4月下旬から5月
	絶景 14 →040	トルスケトゥンガ（ノルウェー）	5月から9月
	絶景 03 →013	イルリサット・アイスフィヨルド（デンマーク）	6月から8月
	絶景 31 →084	ブールタング要塞（オランダ）	3月から9月
	絶景 32 →085	ブルージュの夜景（ベルギー）	4月から9月
	絶景 08 →025	ラコツ橋の紅葉（ドイツ）	秋
	絶景 18 →049	ヴィエリチカ岩塩坑（ポーランド）	7月から8月中旬
	絶景 05 →017	モントルー・クリスマスマーケット（スイス）	11月から12月
	絶景 19 →052	ゲルマーバーン（スイス）	6月初旬から10月中旬
	絶景 04 →016	ツィラータール橋（オーストリア）	6月から9月
	絶景 02 →012	モン・サン・ミッシェル（フランス）	夏
	絶景 34 →089	マントン（フランス）	初春から秋
	絶景 33 →088	プロチダ島 コッリチェッラ（イタリア）	4月から9月
	絶景 24 →064	コミノ島 ブルー・ラグーン（マルタ）	6月から9月
	絶景 38 →100	アヤ・ナパ海底彫刻美術館（キプロス）	5月中旬から10月中旬
	絶景 01 →008	ベナジル洞窟（ポルトガル）	3月から10月
	絶景 50 →128	アイトナの桃畑（スペイン）	2月末から3月下旬
アフリカ	絶景 40 →104	アイト・ベン・ハドゥ（モロッコ）	1月下旬から2月中旬
	絶景 20 →056	シワ・オアシス（エジプト）	6月から11月
	絶景 39 →101	セレンゲティ国立公園 バルーンサファリ（タンザニア）	6月から10月
	絶景 26 →068	マンタリゾート（タンザニア）	6月から10月 1月から2月
	絶景 22 →060	ヴィクトリアの滝 ルナレインボー（ジンバブエ）	2月から8月
中東	絶景 06 →020	フーサー高原のブランコ（トルコ）	6月から10月
	絶景 37 →096	預言者のモスク（サウジアラビア）	11月から3月
アジア	絶景 36 →093	ジョードプル（インド）	12月から2月
	絶景 43 →109	アンブルワワタワー（スリランカ）	12月下旬から3月中旬
	絶景 21 →057	フラワリアイランドリゾート（モルディブ）	11月から4月

季節の区分：Spring（3・4・5月）／Summer（6・7・8月）／Autumn（9・10・11月）／Winter（12・1・2月）

			Spring			Summer			Autumn			Winter		
			3	4	5	6	7	8	9	10	11	12	1	2

地域	絶景	名称	期間
アジア	絶景 16 →045	梵浄山（中国）	通年
	絶景 29 →076	天津濱海図書館（中国）	4月から5月、9月から10月
	絶景 51 →132	涤洋湖湿地公園（中国）	5月から11月
	絶景 28 →073	ジュエル・チャンギ空港（シンガポール）	4月から9月
	絶景 11 →032	イジェン火山（インドネシア）	4月から9月
	絶景 42 →108	ランプヤン寺院（インドネシア）	4月から10月
	絶景 52 →133	内延山の紅葉（韓国）	10月下旬から11月初旬
	絶景 27 →072	美麗島駅「光之穹頂」（台湾）	通年
日本	絶景 58 →148	ニュー阿寒ホテル（北海道）	6月から7月
	絶景 17 →048	渡良瀬遊水地　気球フライト（栃木県）	12月　春または秋
	絶景 57 →145	戸隠神社 奥社（長野県）	12月中旬から3月
	絶景 56 →144	びわ湖大花火大会（滋賀県）	8月前半
	絶景 53 →136	花の駅せらのコスモス畑（広島県）	9月末から10月末
	絶景 54 →137	犬寄峠の黄色い丘（愛媛県）	2月中旬から3月
オセアニア	絶景 25 →065	ボンダイ・アイスバーグ オーシャン・プール（オーストラリア）	12月から2月
	絶景 47 →121	ブライドストー・ラベンダー・エステート（オーストラリア）	12月から2月上旬
	絶景 44 →112	テカポ湖の南天オーロラ（ニュージーランド）	4月から9月
	絶景 48 →124	ヴォーのハート（ニューカレドニア）	通年
北米	絶景 23 →061	カネオヘ湾 サンドバー（アメリカ〈ハワイ〉）	5月から7月
	絶景 46 →120	スーパーブルーム（アメリカ）	3月から5月上旬
	絶景 45 →116	ベントナイト・ヒルズ（アメリカ）	春or秋
	絶景 07 →024	ワトキンス・グレン州立公園の紅葉（アメリカ）	10月から11月
中南米	絶景 15 →044	イエルベ・エル・アグア（メキシコ）	5月から10月
	絶景 12 →033	セノーテ・スイトゥン（メキシコ）	11月から4月
	絶景 09 →028	クリスタル・アンド・ファンタジー・ケイブス（バミューダ諸島）	11月から5月
	絶景 49 →125	スクリ川（ブラジル）	4月から9月　11月から3月
	絶景 59 →152	アタカマ砂漠「Hand of the Desert」（チリ）	6月から7月
	絶景 55 →140	サリーナス・グランデス（アルゼンチン）	通年
	絶景 35 →092	ブエノスアイレス（アルゼンチン）	12月から5月　9月から11月
宇宙	絶景 60 →153	宇宙旅行	通年

絶景 45　ベントナイト・ヒルズ　アメリカ

アメリカ西部ユタ州にある、ベントナイトという粘土質の土壌がカラフルな光景を生み出している地帯。ベントナイトは、恐竜が存在していた数億年前のジュラ紀に堆積した火山灰が年月を経て変化したもので、赤、茶、紫などさまざまな色調の地層を描き出す。特に日の出前や日没時など日が傾く時間帯には色彩が際立って見える。火星に似た地形であることから、このエリアにはNASAの火星研究施設もある。

絶景 44　ニュージーランド
テカポ湖の南天オーロラ

南半球でも見れる！
夜空を彩る天体ショー

ニュージーランド

テカポ湖

テカポはニュージーランド南島最大の都市・クライストチャーチの南西に位置する小さな町。東京からは経由便でクライストチャーチ国際空港に向かう。空港からは牧草地と羊を望むのんびりとした風景の道を両側に見ながら、車で3時間ほど走るとテカポの町に到着する。また、クライストチャーチのカンタベリーミュージアム前から、インターシティ社がテカポへの定期路線バスを朝2便運航。運転免許がない人や海外でのドライブに自信がない人は利用するとよい。所要時間は3時間45分。バスの停留所から善き羊飼いの教会までは徒歩約10分。

たとえば
こんな旅 > 4泊6日

1日目　羽田 →（機中泊）

2日目　シドニーで乗り継ぎ → クライストチャーチ → 車でテカポへ → 善き羊飼いの教会で夜空を鑑賞（テカポ泊）

3日目　テカポ湖畔の遊歩道を散歩 → テカポ・スプリングスのホットプールで寝そべりながら夜空を観察（テカポ泊）

4日目　車でプカキ湖へ → 湖の周辺を散歩 → 夜はマウント・ジョン天文台の星空ツアーに参加（テカポ泊）

5日目　テカポ → 車でクライストチャーチへ。トラムに乗って、アートセンターや博物館、植物園をめぐる（クライストチャーチ泊）

6日目　クライストチャーチ → シドニーで乗り継ぎ → 羽田着

♥ 詩歩
赤色のオーロラは、カナダや北欧でよく見られる緑色のオーロラよりも高い位置で発生。緯度が低い場所から見られることから「低緯度オーロラ」と呼ばれます。

おすすめの季節

4月から9月

テカポ湖は、南極上空に現れるオーロラ（サザンライツ）を、最もよく見られる場所のひとつ。4〜9月にかけては出現する確率も高くなるが、特に7月または8月の新月に近い時期、雲のない夜が見やすい。

旅の予算

約20万円から

テカポ湖、クライストチャーチのホテルの宿泊料金は各1泊約1万5000円〜。レンタカー代は約1万7000円〜（4日間）。路線バスの料金は約5500円。マウント・ジョン天文台の星空ツアー料金は約1万1000円。

旅のポイント

晴天率が高く、夜は真っ暗な空が広がるテカポは、星空だけでなくオーロラの観測地としても知られている。ただしオーロラが出現するのは気象条件による。最低でも3泊はして待機したい。山の上にあるマウント・ジョン天文台はオーロラを見るのに最適な場所。夜間は星空ツアー参加者のみが立ち入れる。

More Fun!
+α の
お楽しみ

美しいブルーの水面
プカキ湖

プカキ湖はマッケンジー盆地にある3つの湖のうち、2番目に大きい湖。鉱物の微粒子が混じったミルキーブルーの湖水は青い宝石のよう。ピーターズルックアウト（展望台）からの眺めも見事。

温水プールで
オーロラ観察

湖畔にあるテカポ・スプリングスはスケートリンク、スパ、カフェなどがある複合施設。ここでは星空観察のあと、屋外のホットプールのフローティングハンモックに横になって夜空を眺めるプログラムを実施。心身ともにリラックスできると評判。

テカポ湖のシンボル
善き羊飼いの教会

1935年にニュージーランドへの入植を記念して建てられた「善き羊飼いの教会」。テカポ湖のほとりに佇む石造りのチャペルは、撮影スポットとして大人気。教会の祭壇の奥にある窓からは、湖とサザンアルプスの山並みを望むことができる。

おまけ　実はコーヒー愛好家のニュージーランド人、全土にカフェは1万ほどあるという。主流はエスプレッソスタイルコーヒー。当地に行ったら有名なフラットホワイトをお試しあれ。エスプレッソにきめ細かく泡立てたミルクを平ら（フラット）に注いだドリンクで、シダのラテアートが施されることが多い。

ベントナイト・ヒルズ

火星にたどり着いちゃった!?
いえここは地球です

ユタ州

アメリカ

ベントナイト・ヒルズ

絶景へのご案内

ベントナイト・ヒルズがあるのは、ユタ州南部中央にある、キャピトル・リーフ国立公園付近。日本からは経由便でラスベガスかソルトレイクシティに行き、車で拠点となるトーリーの町へ向かう。火星のような風景が見られる場所はカテドラルバレー地区など複数あるが、特に色彩が美しいのが、ハンクスビルにある「火星砂漠研究基地」近くのエリア。ハンクスビルの中心から州道24号線を西に進み、Cow Dung Roadという未舗装道路に入り約6.5km走ると、左奥にカラフルな丘が見えてくる。未舗装道路の運転には4WD車が必須。現地ツアーに参加するのもおすすめ。

たとえば
こんな旅 > 5泊7日

1日目	成田 → サンフランシスコで乗り継ぎ → ラスベガス（ラスベガス泊）
2日目	車でザイオン国立公園やブライスキャニオン国立公園を回る → キャピトル・リーフ国立公園で星空鑑賞（トーリー泊）
3日目	キャピトル・リーフ国立公園を散策 → 現地ツアーに参加してハンクスビル付近のベントナイト・ヒルズへ（トーリー泊）
4日目	トーリー → 車でラスベガスへ・ショーやカジノを楽しむ（ラスベガス泊）
5日目	ラスベガス → 現地ツアーに参加してグランドキャニオンを見学 → ラスベガス（ラスベガス泊）
6日目	ラスベガス → サンフランシスコで乗り継ぎ →（機中泊）
7日目	成田着

💬 Sumiko Scott さん
赤紫のグラデーションが美しい縞模様の丘は、まるで違う惑星に来たかのよう。夕陽に照らされる時間の光景はまさに絶景です。

おすすめの季節

春or秋

夏は暑く、冬はかなり冷え込む。春か秋、特に天候が安定している9月がおすすめ。なお、キャピトル・リーフ国立公園の標高は1150～2500m。天候が変わりやすく昼夜の寒暖差が大きいので注意。

旅の予算

約25万円から

ラスベガスのホテルの宿泊料金は約1万円～、トーリーの宿泊料金は約2万5000円～、ベントナイト・ヒルズのツアー代は約3万円～（金額は2人参加の場合）。グランドキャニオンツアーは3万5000円～。

旅のポイント

ハンクスビル付近のエリアはカテドラルバレーと区別するために「ブルーベントナイト・ヒルズ」「パープルマウンテン」と呼ばれることも。周辺の土はやわらかく滑りやすいので、トレッキングシューズを用意しよう。4WD車の運転は難易度が高いので、自信がない場合はツアーに参加を。日没に近い時間帯を選ぶと、日の入りに合わせて丘の色が変化する光景を楽しめる。

More Fun!
+αのお楽しみ

ギフォードハウスのパイは必食

キャピトル・リーフ国立公園のビジターセンターの近くにあるギフォードハウスは、1900年初頭の開拓者の家を復元したお店。ぜひ、名物のパイを食べてみて。

公園内の岩壁に残されたペトログリフ

州道24号線沿いにある岩壁に描かれた多彩なペトログリフ（彫刻）は、遊歩道を歩きながら近距離で見ることができる。ペトログリフは、先史時代の文化で、宗教儀式、狩猟、狩猟ルートなどを描写するために使用されたといわれる。

モルモン教徒が開拓した町

キャピトル・リーフ国立公園には、かつてこの地を開拓したモルモン教徒たちが建てた、納屋や学校、農園が残るフルータ歴史地区がある。果樹園は現在でも継続されており、収穫期にはフルーツ狩り（有料）も楽しめる。

おまけ
ユタ州とアリゾナ州の州境を中心とした「グランドサークル」と呼ばれる一帯には、キャピトル・リーフをはじめ、ザイオンやブライスキャニオンなど有名な国立・国定公園が集まっている。レンタカーでめぐったり、ツアーに参加したりして、アメリカの台地に繰り広げられる壮大な絶景を堪能しよう。

絶景　46　スーパーブルーム　アメリカ

南カリフォルニア一帯で、数年もしくは数十年に一度だけ見られる「スーパーブルーム」。野生の花々が砂漠で一斉に開花する現象で、冬の降水量が多かった年にだけ見られる貴重なもの。紫色のバーベナやオレンジ色のポピー、砂漠のヒマワリなど、多種多様な花がまるで絨毯のように群生する。2023年春には大規模なスーパーブルームが起こり、その規模は宇宙から見えるほどだったという。

絶景　47　ブライドストー・ラベンダー・エステート　オーストラリア

手つかずの自然が残るタスマニア島で100年以上の歴史を持つラベンダーファーム。その面積は個人所有としては世界最大規模と言われ、約65万株のラベンダーが栽培されている。イギリスの調香師が"世界最高級のラベンダーを生産する場所"として創設し、品質の高いラベンダーオイルを製造。今もなお伝統的な製法を受け継いでいる。ラベンダーの花は例年12月から1月頃に最盛期を迎え、辺り一面に咲き誇る。

絶景 46　アメリカ

スーパーブルーム

数十年に一度しか出現しない奇跡のフラワーカーペット

カリフォルニア州

アメリカ

アンテロープ・バレー・カリフォルニア・ポピー保護区

絶景へのご案内

スーパーブルームは自然現象なので、見られる場所はその年ごとに違ってくるが、ここでは有名なスポットのひとつ、アンテロープ・バレー・カリフォルニア・ポピー保護区を紹介する。ロサンゼルス・ダウンタウンからは車で北へ約1時間半。ハイウェイ US-101N、CA-170N、I-5N、CA-14を北上し、出口・Ave.I（アベニューアイ）で降りて、西方面に向かう。120th St.が出てきたら殺風景な景色を見ながら北へしばらく走る。120thSt. は West Lancaster Roadと名前を変えると、まもなく右側にポピー保護区の入口が見えてくる。

たとえば
こんな旅 ＞ 3泊6日

1日目　羽田 →（機中泊）

2日目　ロサンゼルス → 車でダウンタウンへ → ダウンタウンを散策 → ドジャー・スタジアムへ（ダウンタウン泊）

3日目　ダウンタウン → 車でアンテロープ・バレー・カリフォルニア・ポピー保護区へ。ハイキングコースを散策 → ワイナリーに立ち寄る（ダウンタウン泊）

4日目　ダウンタウンから車でハリウッド → ビバリーヒルズ → サンタモニカを観光（ダウンタウン泊）

5日目　ロサンゼルス →（機中泊）

6日目　羽田着

♡ Shokomama11 さん
辺り一面が鮮やかな花々と草木の緑であふれかえっていて、運転中も目を奪われるほどでした！ 貴重な体験に感謝しています！

おすすめの季節

3月から5月上旬

野生の花が一斉に開花するスーパーブルームは数年〜数十年に1回と不定期。見頃は3月中旬〜4月になることが多いが、ポピーは自然条件によりほとんど咲かない年もあり、開花状況は毎回大きく異なる。

旅の予算

約24万円から

ロサンゼルスのホテルの宿泊料金は1泊約2万5000円〜。レンタカーは小型車（各種保険・手数料込）で3日間約6万円〜。アンテロープ・バレー・カリフォルニア・ポピー保護区の入園料は無料だが、駐車場代が約1500円〜。

旅のポイント

アンテロープ・バレー・カリフォルニア・ポピー保護区でポピーの花を観賞するなら、比較的風が吹かない午前中がおすすめ。公園内には多種の昆虫や動物が生息するが、ガラガラヘビもその1種。遭遇したら刺激せずに距離を取るように。また、花を踏み荒らす、野性の花を摘むなどの行為は厳禁。決められたトレイルからは外れないようにしよう。

More Fun!
+α の
お楽しみ

お土産はカリフォルニアワイン

CA-14沿いにはファミリー経営のアグア・ドゥルセ・ワイナリーがある。全米コンクールでメダルを獲得したヴィンテージワインもあるので立ち寄ってみては？
aguadulcewinery.com

異世界感漂う砂漠の森

ポピー保護区の約11km西にあるアーサー B. リプリーデザートウッドランド州立公園では、原生のジョシュアツリーを見ることができる。春先には奇妙な枝の先に美しい白い花が咲き目を楽しませてくれる。

ポピー保護区に着いたらビジターセンターへ

ジェーン・S・ピニェイロ・インタープリティブ・センター（ビジターセンター）は、3月1日から5月第2日曜日まで、10時〜16時、週末は9時〜17時にオープン。資料や野生の花や野生動物の展示、オリエンテーションビデオ、ギフトショップ、トイレがある。

 おまけ　アンテロープバレーは標高約790〜約915m、モハベ砂漠西に位置する。ポピーのほかにもルピナス、クリームカップ、コレオプシスといった色とりどりのワイルドフラワーを鑑賞できる。開花状況は公園の公式サイトや、サイト内のライブカメラでチェックできる。parks.ca.gov/?page_id=627

ブライドストー・ラベンダー・エステート

華やかな香りに誘われて
一面のラベンダー畑へ

オーストラリア

ブライドストー・
ラベンダー・エステート

絶景へのご案内

ブライドストー・ラベンダー・エステートの最寄りの空港は、タスマニア島北部にあるローンセストン空港。日本からの直行便はなく、シドニー、メルボルン、ブリスベンなどを経由して入る。空港からレンタカーを借りて、ブライドストー・ラベンダー・エステートまでは約65km。国道1号とB81を北上し、約1時間で到着する。ローンセストン市内発着のシャトルバスやバスツアーもある。

たとえば
こんな旅 > 2泊4日

1日目	成田 → （機中泊）
2日目	メルボルンで乗り継ぎ → ローンセストン → 車で景勝地ベイ・オブ・ファイヤーへ・オレンジ色に染まる海岸線を見学（ローンセストン泊）
3日目	ローンセストン → 車でブライドストー・ラベンダー・エステートへ・ファームツアーやショッピングを楽しむ → デロレインの街で絵本のような景観を堪能 → ローンセストンに戻り、中央郵便局や市庁舎などの名所を観光（ローンセストン泊）
4日目	ローンセストン → メルボルンで乗り継ぎ → 成田着

♡ おぞさん
歩いても歩いても果てしなく続くラベンダー。圧倒されます。名物のラベンダーアイスもおいしい！

おすすめの季節

12月から2月上旬

ラベンダーの花が見られるのは、12月から収穫が終了する2月上旬まで。見頃は12月中旬から1月中旬となるが、その年の気候によって時期は前後する。

旅の予算

約22万円から

ローンセストンのホテルの宿泊料金は1泊約1万5000円〜、レンタカー代は1日約7500円〜。入園料は約1600円〜（時期により異なる）。

旅のポイント

ブライドストー・ラベンダー・エステートは、面積105ha（東京ドーム21個分）で、個人所有のラベンダー農園では世界最大といわれる。見渡す限り咲き誇るラベンダーは壮観。収穫が進むと景観が変わってくるので、シーズン早めに訪問を。ラベンダーの開花状況は公式サイトで確認できる。
bridestowelavender.com.au/

More Fun!
+αの
お楽しみ

ラベンダーを
召し上がれ

甘い香りと風味を持つブライドストーの食用ラベンダー。併設のカフェではスコーン、お茶、アイスクリームなどのラベンダーを使ったメニューが楽しめる。

野生動物にも
会える景勝地

ローンセストン近郊のベイ・オブ・ファイヤーは、碧い海とオレンジ色の地衣類（菌類の仲間）で覆われた岩が印象的な50kmにわたる海岸。遊歩道から野生のワラビー、カンガルーやウォンバットなどが見られることも。

建物を見ながら
街の散策を

ローンセストンは歴史ある建築物やデザイン性の高い建築物が多い街。写真は1885〜89年にかけて建てられたクイーン・アン建築様式の中央郵便局。市の100周年を記念して1910年に時計台も建てられた。

おまけ
12〜4月まではローンセストンとブライドストー間を結ぶ「タスマニア・コーチラインズ・ラベンダー・ファーム・バスツアー」が毎日2回運行している。また、12〜1月はほぼ毎日ローンセストン中心部のホテルから、ファームまでの送迎を行うシャトル便もある（要予約／最少催行人数4人）。

絶景 48 　ヴォーのハート　ニューカレドニア

本島北部・ヴォー村のマングローブ林に広がる自然に形成されたハート型。潮流の関係でハートの部分だけ
塩分濃度が高くなり、木が低くが育ったことで偶然この形になった。1999年に写真家ヤン・アルテュス＝ベ
ルトランが撮影したことで知られるようになり、現在ではニューカレドニアを代表する景色になっている。
ヘリコプター等で空から遊覧できるほか、トレッキングで山の上から眺めることも可能。

絶景 49　スクリ川　ブラジル

ブラジル南西部、世界最大級の湿地「パンタナール」に位置する清流。豊富な湧き水を水源としていることから水の透明度が高く、生物はもちろん、日光がよく当たることから水草などの水中植物が多く生育する。生態系保護のために自由遊泳はできないが、代わりに「フローティングツアー」が人気で、1〜2kmの距離を川の流れに身を任せてゆっくりと下りながら、水中の世界を楽しむことができる。

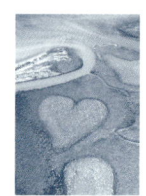

ヴォーのハート

神様が大地に描いた
キュートなハート型

ニューカレドニア

ヴォー

佐藤美香さん
(@happysmilemika.lovetrip.kantei)
大自然が産んだ自然の奇跡に感動します！
必見の価値あり！ 空からの撮影になるので
カメラやスマホはストラップが必需品。

絶景へのご案内

成田からニューカレドニアの空の玄関・ヌメアのラ・トントゥータ国際空港までの所要時間は直行便で約8時間半。グランドテール島の南部にあるヌメアから、北西部にあるヴォー村までは約300km。近隣にあるカテパイック山で約2時間半のトレッキングを経て山頂からヴォーのハートを眺めることもできるが、ツアーに参加し、ヘリコプターなどで空から見るのが一般的。途中、眼下に世界遺産登録されたグランドテール島西海岸の珊瑚礁を見ながら、ヴォーのハートの上空へと進む。

たとえば
こんな旅 ＞ 5泊6日

1日目　成田 → ヌメア（ヌメア泊）

2日目　ヌメア → 車でコネ空港へ → ウルトラライトプレーンに乗って「ヴォーのハート」を上空から観賞する → ヌメア → ビーチでまったり（ヌメア泊）

3日目　ヌメア → 飛行機でイル・デ・パン島へ → ビーチの美しさやシュノーケリングを楽しむ（イル・デ・パン泊）

4日目　ウピ湾クルーズ → イルデパン → 飛行機でヌメアへ（ヌメア泊）

5日目　モーゼル湾の朝市へ → ココティエ広場周辺でショッピングとお土産探し → サンセットクルーズ（ヌメア泊）

6日目　ヌメア → 成田着

おすすめの季節

通年

4月から11月までは比較的涼しい季節。日中は晴れていることが多く、観光やアウトドアスポーツに最適。12月から3月までの夏季は気温が高く、ビーチで遊んだりマリンスポーツを楽しんだりできる。

More Fun!
+αの
お楽しみ

旅の予算

約27万円から

ヌメア、イル・デ・パン島のホテルの宿泊料金は各1泊約1万円〜、1泊3万1000円〜。ウルトラライトプレーンの遊覧飛行料金は約3万円〜。ヌメアからイル・デ・パン島の航空券代は約2万8000円〜。レンタカー代は約8500円（1日間）。
※「ヴォーのハート」をヘリコプターで鑑賞する費用は約23万7000円〜（3人で搭乗した場合の1人あたりの値段）。

旅のポイント

ハート型の地形を眺めるなら、上空から観賞するのがおすすめ。ヘリコプターはヌメアのマジェンダ空港から出発、ウルトラライトプレーンはヌメアから275km離れたコネの飛行場から飛び立つ。現地ツアーの催行会社のHPから予約可能。なお、現在ニューカレドニアでは危険情報が出ているので安全には注意を。

カナール島で海中散歩

カナール島はヌメアの向かいにあり、タクシーボートで簡単にアクセスできる。海中にはさまざまな種類のサンゴが生息し、その周りを泳ぐ鮮やかな熱帯魚を鑑賞できる。

安くておいしい
パンがいっぱい

フランス領であるため食文化も強く影響を受けているニューカレドニア。ヌメアにはたくさんのブーランジュリーが。おいしいパンをゲットして！

お土産探しは
ココティエ広場へ

ヌメアのココティエ広場周辺は、人気のショッピングゾーン。ジュエリーショップやブティックなど、センスのよい品揃えの店が軒を連ねる。レストランやカフェもあるので一休みするのにも便利。

おまけ　19世紀後半〜20世紀初頭まで、フランスの政治犯の流刑地であったイル・デ・パン島。「パリ・コミューンの流刑地跡」と呼ばれる当時の流刑地跡が、島の南西部に残っている。"天国に一番近い島"と呼ばれる風光明媚なこの土地の、悲しい歴史に触れることのできる場所である。

絶景 49　ブラジル

スクリ川

川の流れに身を任せる
天然リラクゼーション

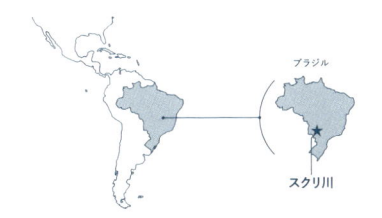

ブラジル

スクリ川

絶景へのご案内

日本からブラジルへの直行便はなく、経由便でサンパウロのグアルーリョス国際空港に向かい、国内線に乗り継いでカンポ・グランデ空港へ。そこからスクリ川観光の拠点となるボニートまでは約280km。カンポ・グランジのバスターミナルからボニートへのバスも出ているが、本数が少なく時間がかかるので、空港発着の乗り合いバスを予約するのがおすすめ。所要時間は4時間ほど。ボニートからスクリ川へは、現地ツアーに参加して向かい、川をボートで移動したのち、フローティング体験をする。

たとえば
こんな旅 > 3泊7日

1日目	成田 → 仁川で乗り継ぎ →（機中泊）
2日目	アディスアベバで乗り継ぎ → サンパウロで乗り継ぎ → カンポ・グランデ（カンポ・グランデ泊）
3日目	カンポ・グランデ → 乗り合いバスでボニート → ツアーでミモザ農園などを訪れる（ボニート泊）
4日目	青の洞窟を見学 → スクリ川のフローティングツアーに参加（ボニート泊）
5日目	ボニータ → カンポ・グランデ → サンパウロで乗り継ぎ →（機中泊）
6日目	アディスアベバで乗り継ぎ →（機中泊）
7日目	仁川 → 成田着

詩歩
ツアーの様子は Rio Sucuri Ecoturismo の Instagram アカウント（@riosucuri）をチェック！ 体験の様子はもちろん、水中や空撮映像もたっぷり掲載されています。

おすすめの季節

4月から9月、11月から3月

4～9月は冬の乾季シーズンで降雨量が少ないため、透明で美しい川を見ることができる。11～3月は雨季だが気温が高く、凍えずにフローティングを楽しめる。

旅の予算

約36万円から

カンポ・グランデのホテルの宿泊料金は1泊約7000円～、ボニートのホテルの宿泊料金は1泊約5000円～。カンポ・グランデとボニート間の乗り合いバスの料金は往復約2万円。スクリ川のフローティングツアーの料金は約2万5000円。ミモザ農園のツアー料金は約9000円、青の洞窟のツアー料金は約1万円。

旅のポイント

エコツーリズムを推奨するボニートでは、観光は公認旅行会社により催行され、専門ガイドがつく。また環境保護のため1日あたりの観光客の受け入れ人数も決まっているので、ツアーの予約は早めに。なお、スクリ川では環境を守るために日焼け止めや虫除けクリーム禁止などのルールも。事前に確認しておこう。

More Fun!
+α の
お楽しみ

めずらしい魚がいっぱい！
まるで天然水族館

パンタナールの南西に位置するボニートは、スクリ川やプラタ川など、透明度が高くきれいな川で知られるスポット。シュノーケリングツアーもあり、ピラプタンガ、ピンタード、パクー、ドウラードといった、日本であまりなじみのない淡水魚が鑑賞できる。

世界最大級の陥没穴

ブラコ・ダス・アララスはボニートから約50km南下したところにある、世界最大級の陥没穴。コンゴウインコの生息地としても有名で、展望台から色鮮やかなインコを鑑賞できる。

ご当地グルメ
ワニ肉にトライ！

ボニートの名物料理のひとつがワニ肉を使った料理で、唐揚げやグリルにして食べる。味は鶏肉に似て淡泊でやわらかく、なかなかの美味。

おまけ
ボニート周辺のさまざまな観光ツアーは、日本の旅行代理店を通じて申し込むか、現地の日系の旅行代理店、トリップアドバイザーやベルトラなどウェブサイトから予約。ツアーでの言語は基本的に英語またはポルトガル語だが、日本語ができるガイドが案内するツアーもある。

絶景 50 アイトナの桃畑 スペイン

スペイン東部カタルーニャ州にあるアイトナは、約8500haの果樹園が広がる果物の名産地。特に桃の収穫量はヨーロッパ屈指で、毎年3月頃には桃の花が咲き誇り、一面濃いピンク色に染まる光景が見られる。近年ではそれを観光資源とする「フルーツツーリズム」の取り組みも活発となり、地元農家の案内で果樹園をめぐるツアーなど、多様なプログラムがある。バルセロナから日帰りで訪問可能。

絶景 50　スペイン

アイトナの桃畑

桃色に色づく地平線
これが本当の“桃源郷”

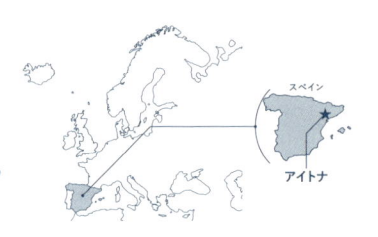

スペイン北東部、バルセロナから東へ約200kmの場所に位置するアイトナ。日本からは経由便でバルセロナ・エル・プラット国際空港へ向かう。バルセロナ市内からは、高速道路AP-7、AP-2等を経由して、車で約2時間。あるいは、バルセロナ・サンツ駅から高速鉄道で約1時間、レリダ駅で下車。徒歩、またはバスでCサラシバル停留所に移動し、バスに乗って約30分、アイトナに到着する。

たとえば
こんな旅 > 4泊7日

1日目	成田 → 北京で乗り継ぎ（空港泊）
2日目	バルセロナ → サグラダファミリア、グエル公園を見学（バルセロナ泊）
3日目	バルセロナ → 車でアイトナへ・果樹園ガイドツアーに参加する（バルセロナ泊）
4日目	バルセロナ → 電車でサラゴサへ・聖母ピラール教会など歴史的建造物を見学（バルセロナ泊）
5日目	カタルーニャ音楽堂、ピカソ美術館、モンジュイックの丘などバルセロナの観光名所を回る（バルセロナ泊）
6日目	バルセロナ → 北京で乗り継ぎ（機中泊）
7日目	北京 → 羽田着

🚶 詩歩
日本ではガウディ没後100周年にあたる2026年に完成予定と報じられたサグラダファミリア。しかし現地で聞くと2026年に完成するのはメインタワーのみで、全体の完成は2030年以降と言われています。

おすすめの季節

2月末から3月下旬

桃の花の開花時期が2月末〜3月下旬で、多くの観光客がアイトナを訪れるのもこの時期。時間にゆとりを持った計画を立てよう。朝晩は冷え込む日もあるので温度調節できる服装を。

旅の予算

約33万円から

バルセロナのホテルの宿泊料金は1泊約2万5000円〜。レンタカーの料金（1日間）は約8000円〜。アイトナのガイドツアーの料金は約2000円。

旅のポイント

アイトナは個人でも自由に散策できるが、住民が案内するガイドツアーに参加すると、個人所有の果樹園にも入ることができ、一面の桃畑の景観を楽しめる。ツアーはアイトナのフルーツツーリズムプロジェクトのサイトから申し込み可能。
fruiturisme.info/

More Fun!
+αの
お楽しみ

バルセロナの市民の台所

バルセロナを代表する市場と言えば、ランブラス通り沿いにあるサンジュゼップ市場。野菜やフルーツから肉、魚までが揃う。バルもあるので、ランチに立ち寄ってみては。観光地からもほど近く、アクセスがいいのも◎。

歴史的な建造物が点在する古都を散策

バルセロナ・サンツ駅から高速鉄道で約1時間30分のサラゴサは、マドリッドとバルセロナをつなぐ交通の要衝で、かつてアラゴン王国の首都だった街。歴史的建造物が多く残っており、特に名高いのが17〜18世紀に建てられたバロック様式の大聖堂、聖母ピラール教会。内部にはサラゴサ出身の宮廷画家、ゴヤの作品も飾られている。

バルセロナを空中散歩

バルセロナの街を一望できるのがモンジュイックの丘。ゴンドラもあり、丘を登る途中では、バルセロナの旧市街や新市街、サグラダファミリア、地中海、ピレネー山脈などが織りなす絶景を楽しむことができる。ゴンドラのチケットは公式サイトから購入できる。
telefericdemontjuic.cat

> おまけ　バルセロナ旧市街にあるゴシック地区は、中世にタイムスリップしたような気分が味わえるエリア。カタルーニャ州政府庁やサンタ・エウラリア大聖堂など歴史ある建物が点在する一方で、バルやお土産店も。ピカソが若き日に通ったカフェ「クアトラ・ガッツ」（4匹の猫）もこの地区にある。

網走 & 知床コース

北海道

p99でコラムに書いた
2泊3日の北海道・流
氷旅の行程とTipsを
まとめました。

※時刻表は2023年2月時点

広い北海道ですが、レンタカ
ーを使わずに、電車やバス、
タクシーだけでめぐりまし
た！ 本数やタクシーが少な
いので、予約できるものは事
前に押さえておくのがベスト。

Schedule
旅のスケジュール

Day1	10:00	関西空港
		↓ ビーチ航空（約2時間）
	12:05	女満別空港
	12:15	女満別空港
		↓ エアポートバス
	12:41	網走駅
		↓
		駅前でランチ
		↓ 徒歩
	16:45	網走流氷観光砕氷船 おーろら 乗船断念① ★1
		近くでピザをテイクアウト ★2
		ドーミーイン網走　泊

網走駅から徒歩す
ぐ！便利な立地

Day2	8:00	流氷観光砕氷船 おーろら 乗船②
		↓ 徒歩
		「珈琲屋 デリカップ」で朝食
		↓ タクシー
		「メルヘンの丘」「ジェラテリア Rimo」
		↓ タクシー
	12:45	網走駅
		↓ 観光列車「流氷物語号」 ★3
	13:35	知床斜里駅
		↓ タクシー
		「天に続く道」「オシンコシンの滝」
		↓
	14:30	ホテルへチェックイン
		↓
	16:00	流氷サンセットツアー ★4
		↓
		ホテルで夕食
		絶景サウナを堪能 ★5
		北こぶし 知床 ホテル&リゾート　泊

タクシーは事前予約

オホーツク海の流氷
が見える部屋でテン
ション上がる！

Day3		ホテルで朝食
		徒歩で周辺を散策
		↓
	14:20	ウトロ温泉バスターミナル
		↓ バス
	15:10	知床斜里駅
	15:57	知床斜里駅
		↓ 電車
	18:45	釧路駅
		↓ バス
		釧路空港
		↓ ビーチ航空（約2時間）
		関西空港

ホテルから女満別空
港までは直通の高速
バス（知床エアポートラ
イナー）が出ているの
で、それを利用する
のも便利

Point
旅のポイント

★1 人気のおーろら号は事
前予約がマスト。運休
しやすいので、余裕を
持って2回チャレンジ
できるように予約する
のがおすすめです。

★2 冬の網走は夜に営業し
ている飲食店が少なく、
どこも予約で埋まるの
で注意！ 危うくコンビ
二食になるところでし
た。

★3 車窓から流氷が見やす
いオホーツク海側はす
べて指定席なので早め
に予約したい。山側の
座席は自由席で乗車可
能。

★4 ホテルから送迎付きの
ツアーを予約。夕陽に
照らされる流氷の上で
オン・ザ・ロックが飲め
る！

★5 サウナ好きの間で人気
の、流氷を見ながらと
とのうサウナ。内装や
BGMも流氷をイメージ
して作られたそう。

絶景　51　**溧洋湖湿地公園**（りょくようこ）　中国

上海近郊、揚州市の広大な湿地帯にある公園。敷地内には田畑や養殖場など農林水産系の施設があるほか、自然を楽しめる公園が整備されており、市民の憩いの場となっている。なかでもメタセコイヤとラクウショウの木々が水中に立ち並ぶ湖が近年観光スポットとして注目されており、辺り一面が水草で緑色に染まった湖の中を貸出ボートで散策するアクティビティが人気だ。

©Photo Korea - Heo Chil-gu

絶景　52　内延山の紅葉（ねよんさん）　韓国

韓国南東部、浦項市郊外にある標高約710mの内延山。約1400年前に建立された宝鏡寺があるほか、約14km
に及ぶ渓谷に沿って12の滝が点在。巨岩奇岩が作り出す壮観な景色を見ながら散策が楽しめる。秋には紅葉
が美しく、小金剛展望台からは赤く彩られた高さ数十メートルの絶壁と仙逸台（展望台）のコラボレーション
が望め、遠く海を見渡すこともできる。

絶景 51 中国

溱洋湖湿地公園

緑の世界に包まれながら
水上森林を船で往く

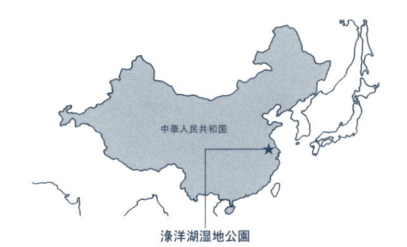

中華人民共和国

溱洋湖湿地公園

絶景へのご案内

中国東部に位置する江蘇省。そのほぼ中心部、南京市にもほど近い揚州市に溱洋湖湿地公園はある。東京からはソウルなどで乗り換え、揚州泰州空港へ。空港から市内へは、リムジンバスを利用できる。揚州市のバスターミナルまでの所要時間は約40分。揚州市内から公園へは、市政府駅でK1路線に乗り、江都汽車客運駅へ。江都汽車客運駅北から219号のバスに乗り、溱洋湖湿地公園で下車。徒歩10分ほどで溱洋湖湿地公園に到着する（所要時間約2時間30分）。車なら市内から約1時間30分。

> **たとえば**
> ## こんな旅 > 3泊4日
>
> 1日目　成田 → 仁川で乗り換え → 揚州（揚州泊）
>
> 2日目　溱洋湖湿地公園へ（揚州泊）
>
> 3日目　東関街でショッピング → 个園を散策 → 痩西湖で遊覧船に乗り夜景鑑賞（揚州泊）
>
> 4日目　揚州 → 深圳で乗り換え → 成田着
>
> > ♡ **詩歩**
> > 中国のSNSでは「抹茶湖」と呼ばれる人気のスポット！「行ってみたら写真よりも美しかった」というコメントがたくさんあったので、いつか実際にこの目で見てみたいな。

おすすめの季節

5月から11月

春から秋は水面に浮草が生い茂り、抹茶のような水面の色を楽しめる。晩秋は紅葉と水面の色の対比が美しい。冬は落ち葉で水面の色が濁ることも。

旅の予算

約17万円から

揚州市のホテルの宿泊料金は1泊約7000円〜。揚州泰州空港から揚州市内までのリムジンバスの料金は片道約600円。溱洋湖湿地公園の入園料は無料、公園内のボート利用料は、一隻約1100円（40分）。

旅のポイント

撮影するなら光がきれいに差し込む朝一番か夕方が◎。水上の森林をボートで探索するほか、公園内の遊歩道を散策する楽しみも。湿地で蚊が多いので虫除けスプレーを持参しよう。現地のバスに乗るのが不安な場合は揚州市の中心地からタクシーで向かい、帰りの時間も指定して迎えにきてもらうと安心。

More Fun!
+αの
お楽しみ

歴史ある揚州飲茶をお試しあれ！

飲茶といえば香港やマカオ、中国広東省などが有名だが、揚州でも古くより早茶（朝に飲茶を食べる）の文化があり、茶社（早茶の食堂）やホテルのレストランなど、さまざまなお店で楽しむことができる。

清の時代に建てられた
中国四大庭園のひとつ

揚州市にある「个園」は、明の時代に建てられた庭園を清の嘉慶23年（1818）に塩商人だった黄至筠が私邸として建て直したもの。竹のたたずまいを愛した黄は園内に多くの竹を植え、竹の形が「个」の字に似ていることから、庭園を「个園」と名付けた。当時植えられた竹の多くは残っていないが、異なる石を用いて春夏秋冬の四景を表現した築山が名高く、訪れる人々を魅了している。

揚州市のシンボルで
市を代表する景勝地

揚州市の北西に広がる痩西湖は風光明媚な湖。隋・唐の時代より湖のほとりに沿って庭園が次々と建てられ、清の最盛期まで続いた。清の乾隆帝が揚州に巡幸した際に釣りをしたとされる釣魚台の跡が今も残る。現在一帯は、痩西湖公園となっていて、揚州一の景勝地として有名。舟に乗って湖から見る風景は美しく、鳥のさえずりも耳に心地よい。

おまけ　清時代に国の専売品である塩の流通を一手に握り、繁栄した揚州市。当時の雰囲気を伝えるのが、全長1122mのショッピングエリア東関街。通りの両側には観光客向けの土産物店や食べ物屋さんが軒を連ね、中には100年以上の歴史を持つ老舗店も。店先をのぞきながら歩くだけでも楽しい。

絶景 52　韓国

内延山の紅葉

絶壁を鮮やかに染める
ノスタルジックな秋景色

韓国

内延山

絶景へのご案内

内延山がある浦項にも空港はあるが、日本から直行便が就航していて観光に便利な釜山を拠点とすると旅程が組みやすい。釜山からはKTX（韓国高速鉄道）に乗り、東大邱を経由して約1時間40分で浦項に着く。また、バスで行くこともでき、釜山総合バスターミナルから浦項市外バスターミナルまでは約1時間20分。浦項市外バスターミナルで5000番のバスに乗り、約1時間30分で浦項市の北部にある宝鏡寺（ポギョンサ）に到着。この寺が内延山の登山口となる。

たとえば
こんな旅 > 3泊4日

1日目	成田 → 釜山・南浦洞を散策 → 釜山ダイヤモンドタワーで夜景鑑賞（釜山泊）
2日目	地下鉄とタクシーを乗り継いで甘川文化村へ・フォトジェニックな街を探索 → 国際市場でショッピング（釜山泊）
3日目	釜山 → 電車で浦項へ → バスで内延山へ・渓谷をハイキングしながら紅葉を鑑賞（釜山泊）
4日目	チャガルチ市場を見学 → 釜山 → 成田着

詩歩
日本のおとなり韓国には、紅葉の名所がたくさん！　日本よりも涼しい場所が多いため、少し早い時期にピークを迎えます。ソウル近郊では、世界遺産に登録されている古宮で紅葉狩りが楽しめる「昌徳宮」などが人気です。

おすすめの季節

10月下旬から11月初旬

紅葉を見るのが旅の目的なので、紅葉が美しくなる時期をチェックしてから出掛けよう。また、山に登るので準備は万全にして行こう。

旅の予算

約10万円から

釜山のホテルの宿泊料金は1人1泊約8000円〜。釜山から浦項までの電車代（往復）は約6200円〜。

旅のポイント

内延山は、12の滝を持つ太白山脈の基幹となる山で、景観の美しさには定評がある。登山コースは初心者向けから中級者向けまで複数あり、小金剛展望台や仙遊台、観音瀑布などをめぐるコースは所要時間約4時間。階段の昇降が多く、岩場もあるのでトレッキングシューズなどを履いて行こう。

More Fun!
+αの お楽しみ

絵画のように美しい
カラフルな街並み

甘川文化村（カムチョンドンムナマウル）は、山の麓にある階段状に形成された集落。「韓国のマチュピチュ」とも呼ばれ、若い芸術家による壁画や色とりどりの屋根が、美しい景色を形成している。チマチョゴリをレンタルして写真を撮ったり、カフェからゆっくり風景を眺めたり、楽しみ方もさまざま。

釜山の名物市場
「国際市場」

生活に欠かせない食料品や衣類、雑貨などの店舗が軒を連ねる国際市場。7500坪ほどの広大な敷地に約1200のお店が並び、地元の人々だけでなく、観光客にも人気だ。さまざまなジャンルのお店が揃っているので、掘り出し物が見つかるかも。

釜山を代表する
韓国禅宗の総本山

釜山市の北部、金井山の中腹にある梵魚寺（ポモサ）は、約1300年の歴史を誇る名刹。見どころのひとつは、寺の入口にある「一柱門」（写真）。韓国の山地にある寺では必ず見られる門だが、土台が石でできているのは珍しく、重要文化財に指定されている。また、釈迦如来が安置されている大雄殿も重要文化財に指定されており、美しい装飾が見事。

おまけ　釜山ダイヤモンドタワーは、釜山を代表する繁華街、南浦洞にある龍頭山公園にそびえる高さ120mのタワー。展望台からは、360度のパノラマで、釜山港や国際市場、広安大橋など釜山の見どころを一望することができる。日が沈むと美しい夜景が見られ、昼とは違った眺めが楽しめる。

絶景 53 花の駅せらのコスモス畑 広島県

花の駅せらは広島県中央部の世羅高原にある観光農園。約7haの園内では季節の花々を楽しむことができ、秋には約500万本もの色とりどりのコスモスが見頃を迎える。山間部にあって昼夜の寒暖差が大きいため、早朝に雲海が発生することも多く、コスモスのシーズンには期間限定の早朝開園も実施。条件が合えば雲海と花畑という珍しいコラボレーションによる、幻想的な光景を見ることができる。

絶景 54 犬寄峠の黄色い丘 愛媛県

愛媛県中央部の伊予市に位置する犬寄峠にある花畑。広さは約2haあり、春には市の花である菜の花をはじめ、ミモザ、山吹など黄色の花々が咲き誇る。元はみかん畑だった耕作放棄地を2012年から地元住民が整備し、現在では人気の花見スポットに。見頃の季節には農家レストランが開園するなど、発展し続けている。秋には黄色いコスモスが咲き、"旅する蝶"として人気のアサギマダラも飛来する。

絶景 53　広島県

花の駅せらの
コスモス畑

幻想的な雲海に浮かぶ
天空の花畑

広島県

花の駅せら

絶景へのご案内

広島県のほぼ中央部に位置する「花の駅せら」は、JR三原駅や尾道駅から車で50分ほどの距離。コスモスと朝日と雲海が織りなす絶景を見るなら、この時期実施される朝5時からの早朝開園に間に合うように、尾道などに前泊して早朝出発するか、園内にあるオートキャンプ場に宿泊して待機を。なお、雲海が出るのは気象条件が揃った場合のみ。雲海が発生しやすいのは、昼夜の気温差があり、前日に雨が降るなど湿度が高く、風があまりない日と言われる。タイミングを見計らって行動するか、予備日を設けることで出会う確率が高まる。

たとえば
こんな旅 > 2泊3日

1日目 東京 → 新幹線で福山 → 電車で三原 → 車で花の駅せらへ。園内を散策（花の駅せらオートキャンプ場泊）

2日目 花の駅せらの山頂で雲海とコスモスと朝日を鑑賞 → 電車で尾道へ・商店街などを散策 → 千光寺山ロープウェイで夕陽を鑑賞（尾道市泊）

3日目 尾道 → 電車で福山に移動し、新幹線に乗り換え → 東京着

🔖 **@midori0502catwalk さん**
9月下旬〜10月中旬に雲海とコスモスが撮れます。日の出の時間前に山頂に登って待機してください。懐中電灯と歩きやすい靴が必須です。

おすすめの季節
9月末から10月末

花の駅せらで秋の早朝開園が実施されるのは、例年9月末〜10月末。公式サイトで日程を確認し、日の出の時刻をチェックして予定を立てよう。
serayurien.com/

旅の予算
約8万5000円から

花の駅せらのオートキャンプ場（山頂サイト）の宿泊料金は、ハイシーズンは1泊6000円（4人までの入園料込み）。尾道のホテルの1人1泊の料金は約8000円〜。レンタカー代（2日間）は約1万2000円。千光寺山ロープウェイの料金（往復）は700円。

旅のポイント

今回の絶景の舞台である「花の駅せら」は、自然に囲まれた観光農園。軽食コーナーもあり、花を散りばめた「フラワーソフト」などのメニューを楽しめる。なお、早朝開園時は山頂の展望台エリアに人が集中する。場所取り禁止などのルールが設けられているので、園の公式サイトや公式SNSを確認しよう。

More Fun!
+α の
お楽しみ

足を伸ばして離島ドライブ

尾道はしまなみ海道の起点。足を伸ばして島々をめぐるのも楽しい。尾道から車で約25分、向島にある標高280m超の高見山の展望台は、眼下に因島大橋や瀬戸内海の島々を望み、四国連山が見えることも。10〜11月にかけてはタカが飛来し、バードウォッチングスポットとしても有名。

尾道や瀬戸内海の絶景を空中から堪能

千光寺など古寺が多く、歴史情緒あふれる尾道。その町並みやしまなみ海道を空から眺めることができるのが、千光寺山ロープウェイ。日没にタイミングが合えば、夕陽に染まる尾道の町が見られる。

尾道駅前のレトロな商店街

昔ながらの商店とともに、若い世代や移住者が始めたショップなどが軒を連ねるのが、尾道本通り商店街。作家・林芙美子の旧邸がある「芙美子通り」をはじめ5つの商店街から成り、全長約1.2kmに渡るアーケード街には200を超えるお店が。とびきりのお土産が見つかるかも！

おまけ 良（うしとら）神社の東側から天寧寺三重塔あたりまで続く「猫の細道」。全長200mほどの細い路地に空き家を再利用したカフェや雑貨店、美術館などが並ぶ。名前の由来は道の随所にある、石に猫の絵を描いた福石猫の存在だ。猫を探しながら通りを歩くのも楽しい。

138

絶景 54　愛媛県

犬寄峠の黄色い丘

ひとりの想いから誕生した
幸せの黄色い花畑

愛媛県

犬寄峠の
黄色い丘

絶景へのご案内

犬寄峠の黄色い丘（別名「佐礼谷黄色い丘」）があるのは、愛媛県のほぼ中央に位置する伊予市双海町。松山市内からは車で約45分。国道56号を南予方面に進む。犬寄トンネル2つ目の短いトンネルを抜けて左折、「黄色い丘」の看板を左折し、案内に沿って駐車場へ。そこから徒歩5分ほどで丘に到着する。

たとえば
こんな旅 > 2泊3日

1日目　羽田 → 松山・松山城や石手寺などを見学（松山泊）

2日目　車で犬寄峠へ・黄色い花々を鑑賞（松山泊）

3日目　道後温泉で外湯めぐりとショッピングを楽しむ
　　　　→ 松山 → 羽田着

♥ 詩歩
駐車場付近にあるコーヒースタンド「Coffee Reverb」では、美味しいコーヒーがテイクアウトできます。看板ヤギのティピカにも会えるかも？不定休なので、事前に店舗SNSを要チェック。

♥ とみさん
丘を登ると目の前に色鮮やかな黄色い風景が広がり、何度訪れても毎回感動するくらい美しい景色です！ドッグランもあるので愛犬と一緒にゆっくりとした時間を楽しむこともできます。

おすすめの季節

2月中旬から3月

菜の花は2月中旬～3月中旬、ミモザは3月上旬～3月下旬に見頃を迎える。コスモスの見頃は10月中旬～11月中旬。公式Facebookで丘の様子を見られる。
facebook.com/saredaniyellowhill/

旅の予算

約9万円から

松山のホテルの宿泊料金は1泊約8000円～。レンタカー代（1日間）は約7000円。

旅のポイント

犬寄峠の黄色い丘は、ここ数年花の種類も増え、ミモザ、山吹、ミツマタ、レンギョウなどが咲き誇り、みごとな景色を生み出している。春の週末は混雑が予想されるので、ゆっくり楽しみたいなら平日がおすすめ。なお、旅の拠点となる松山市は道後温泉本館や松山城など日本有数の観光地を抱え、見どころ多数。ついでに名所旧跡を訪ねてみては？

More Fun!
+αのお楽しみ

初代松山藩主が愛した南蛮菓子

長崎に赴任の際、カステラでジャムを巻いた南蛮菓子の虜になった、松山藩の初代藩主・松平定行。その製法を持ち帰り、さらに四国特産の柚子をアクセントに加えたのが「タルト」の起源と言われる。今日では、松山を代表するお菓子となっている。

戦禍を免れた
フランス風建造物

1922（大正11）年、旧松山藩主の子孫・久松定謨伯爵が別邸として建てたのが、松山市にある萬翠荘。陸軍駐在官としてフランス生活が長かった伯爵好みの建物で、各界の名士が集まる社交場であった。1985年に愛媛県指定有形文化財に、2011年に萬翠荘本館と管理人舎は国重要文化財に指定された。

松山市は
お遍路さんの重要拠点

四国にある空海ゆかりの88か所の仏教寺院を巡るお遍路。松山市には浄瑠璃寺、八坂寺、西林寺、浄土寺、繁多寺、石手寺（写真）、太山寺、円明寺の8つの霊場が点在し、毎年多くの巡礼者が訪れている。

おまけ
松山市の中心部にある大街道商店街は、全長483m、幅15m、天井の高さ13mという巨大なアーケード商店街。県内最大の繁華街で、四国一の通行量を誇る。広々とした道の両側には衣料品店や雑貨店、飲食店、土産物店などが並び、ぶらぶら歩きにぴったりの場所。

絶景 55　サリーナス・グランデス　アルゼンチン

アルゼンチン北部、ボリビアとチリの国境近くに位置する塩湖。約500〜1000万年前に火山から湧出した塩水が盆地に溜まり、干上がったことで形成された。標高約3400m地点にあり、200km²の広大な面積は南米3位の大きさと言われる。現在も伝統的な手法で塩の生産が行われており、乾季に"塩のプール"が見られるほか、雨季には運がよければ、一面に水が張った鏡のような光景を見ることができる。

絶景 55　アルゼンチン

サリーナス・グランデス

空をくっきりと映し出す巨大な天空の鏡

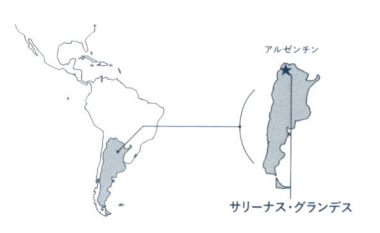

アルゼンチン

サリーナス・グランデス

 絶景へのご案内

サリーナス・グランデスの最寄りの空港のひとつが、アルゼンチン北部の拠点となるサルタのマルティン・ミゲル・デ・グエメス国際空港。日本からは経由便で向かう。サルタからはレンタカーを借りて9号を東へ。34号に入って北上し、66号、52号などを経て、サリーナス・グランデスに到着する。所要時間約4時間30分。途中標高3000mを超える地点やヘアピンカーブが連続する山道を通るなどハードな道程になるので、サルタなどを発着する現地ツアーに申し込むのもおすすめ。

たとえば
こんな旅 > 3泊7日

1日目	羽田 → ニューヨークで乗り換え → リマで乗り換え →（機中泊）
2日目	サルタ・コロニアルな街を散策し、サルタ大聖堂などを見学 → ケーブルカーでサンベルナルドの丘へ・夜景鑑賞（サルタ泊）
3日目	サルタ → ツアーに参加してサリーナス・グランデスやプルママルカの七色の丘などを観光 → サルタ（サルタ泊）
4日目	サルタ → 雲の列車ツアーに参加（サルタ泊）
5日目	サルタ → リマ →（機中泊）
6日目	リマ → ロサンゼルス →（機中泊）
7日目	成田着

♥ Almost Silent Expedition 伊東克浩さん
ウユニ塩湖に比べ人が少なく、青空と真っ白な塩田が天地の境目を曖昧にするほど美しく雄大です。サングラスは必須。

おすすめの季節

通年

12月末〜3月末頃までがアルゼンチン北西部の雨季。雨が湖面に張ると美しい鏡張りの光景が現れる。晴天時には塩の大地が広がり、真っ白で遠近感がなくなることを利用したトリック写真撮影などが楽しめる。

旅の予算

約39万円から

サルタのホテルの宿泊料金は1泊約1万2000円〜。サリーナス・グランデスツアーの料金は約7000円〜、雲の列車ツアーの料金は約2万4000円〜。

旅のポイント

サリーナス・グランデスへは公共交通機関が運行していないため、車またはツアーを利用。サルタからバスで2時間15分ほどの距離にあるプルママルカでは、人数が集まったら出発する乗り合いバスの往復送迎だけのサリーナス・グランデスツアーもある。なお、サリーナス・グランデスは真っ白な地面に太陽光が反射してかなりまぶしいのでサングラスを持参しよう。

More Fun!
+αの
お楽しみ

高山病予防に効く？コカの葉っぱ

サリーナス・グランデスまでの道のりは標高の高い場所が多いので高山病に注意。ツアーだと高山病予防のためにコカの葉が配られることも。ガムのように口の中で噛む。

まるで虹みたい！カラフルな丘は必見

世界遺産にも登録されているウマワカ渓谷は、全長約150kmにも及ぶ広大な谷。プルママルカにある「七色の丘」（写真）とオルノカルにある「十四色の丘」は、カラフルな美しい地層が続くフォトジェニックな景観が旅行者に人気。

高地を走る雲の鉄道

サルタ州北西部、標高3774mの炭鉱の町サン・アントニオ・デ・ロス・コブレスからポルボリージャ鉄橋を往復する「雲の列車」。最高地点はなんと4220m。アンデスの雄大な絶景を堪能できる。

おまけ　アンデス山脈に面する北西部は標高が高く、高山病にかかる旅行者も少なくない。高山病は命にかかわることもあるので注意が必要。予防薬（アセタゾラミド）を所杵へ行く前日と到着後3日間服用するのも有効。空気が薄いのであまり激しい動作はしないように。また睡眠を十分取ることも重要。

詩歩厳選！ 海外旅行の持ち物リスト

text:詩歩

どれだけ旅をしていても、忘れ物は毎回不安になるもの。
今回は海外旅行でとくに必要なアイテムをチェックリスト
にまとめてみました。おすすめのグッズもご紹介します。

● 貴重品

- ☐ パスポート
- ☐ ビザ（必要な場合）
- ☐ トラベル用ウォレット ★1
- ☐ クレジットカード（2枚）
- ☐ 現地通貨

● 電子機器

- ☐ カメラ・レンズ ★3
- ☐ スマートフォン
- ☐ eSIMやレンタルWifi
- ☐ 変換アダプター
- ☐ 充電器（日本のものでOK）

● 服やカバン

- ☐ 旅行リュック・ポーチ ★5
- ☐ パジャマ・ルームウェア
- ☐ サンダル（スリッパ代わり）
- ☐ ウルトラライトダウン
- ☐ ニット帽やハット

● トラブル対策

- ☐ 海外旅行保険
- ☐ セキュリティポーチ
- ☐ AirTag ★2
- ☐ ウォレットチェーン
- ☐ スマホストラップ

● 機内持ち込み

- ☐ 液体持ち込み用の袋
- ☐ USB対応の充電コード
- ☐ 筆記用具
- ☐ アイマスク
- ☐ 乾燥対策（マスク・のど飴）
- ☐ 着圧ソックス ★4

● 日用品

- ☐ ウエットティッシュ
- ☐ 水に流せるティッシュ
- ☐ 歯ブラシ・歯磨き粉
- ☐ コンタクトレンズ・メガネ
- ☐ 常備薬

わたしの愛用トラベルグッズ

★1　無印良品／ポリエステル トラベル用ウォレット

防犯のために、革製の財布は使わないようにしています。この財布は札入れが2つあるので日本円と現地通貨を分けられる上、リングがついていてウォレットチェーンとつなげられるので便利です。

★2　Apple／AirTag

荷物に入れておけば、位置情報をスマホから確認することができるアイテム。地球上どこにあっても追跡できるので、ロストバゲージ時に安心。わたしは預ける荷物と手荷物にそれぞれ入れています。

★3　SONY／α7C Ⅱ

スマホでも十分きれいに撮影できますが、星空撮影や望遠ズームをしたい場面では、やはり一眼カメラがベスト。現在はフルサイズモデルで世界最小・最軽量のα7Cシリーズを愛用しています。

★4　靴下の岡本／靴下サプリ ふくらはぎ押し上げサポーター

長距離フライトのむくみ対策で使っている着圧ソックス。覆うのはふくらはぎだけなのに、つけると脚がぽかぽかして血流がよくなったことを実感します。かさばらないし、短いので着脱もラクチン。

★5　backroom／トラベルリュック Lintta

防犯対策ができるリュックが欲しいと思い、わたしがプロデュースした商品です。背中側にある隠しポケットや南京錠でロックできるファスナーなど、旅の経験をもとに作った自信作です！

絶景　56　　びわ湖大花火大会　滋賀県

毎年8月に琵琶湖で開催される花火大会。浜大津花火大会を前身として1984年から開催され、毎年30万人以上が訪れる。琵琶湖内にある大津港沖で約1万発が打ち上げられ、市街地の目の前で大迫力の光景を楽しめることで人気。日本一広い湖面を活かした多様なプログラムが行われ、なかでも豪華絢爛なグランドフィナーレの「水中スターマイン」は、大会の代名詞になっている。

絶景 57　戸隠神社 奥社　長野県

長野市内にある、戸隠山への山岳信仰の拠点として発展した神社。奥社・中社・宝光社・九頭龍社・火之御子社から成り、奥社は御本社として多くの参拝客が訪れる。約2kmの参道には戦国時代から江戸時代にかけて整備された杉並木があり、国の天然記念物に指定されている。樹齢400年を超える200本以上の杉が連なっている様子は圧巻。冬季に雪に覆われると美しい白銀の姿を見せる。

絶景 56　滋賀県

びわ湖大花火大会

日本一の湖上にひらく
空と湖を照らす無数の花

滋賀県

大津

絶景へのご案内

花火会場は、滋賀県営大津港沖水面一帯で、JR大津駅から徒歩約15分、京阪電鉄びわ湖浜大津駅から徒歩約5分。観覧場所は大津港周辺の琵琶湖畔など。人気の花火大会のため、有料の観覧席を購入するのがおすすめ。有料観覧席からは、真正面に打ち上げられた花火が眼前いっぱいに広がる景色を眺めることができる。なお、この花火大会の特徴は、打ち上げる場所が街中に近いこと。比叡山ドライブウェイにある夢見が丘展望台から撮影すると、花火と街の夜景を1枚の写真に収めることができる。

たとえば
こんな旅 > 2泊3日

1日目	東京 → 新幹線で京都へ → 電車で大津へ・車を借りて比叡山をドライブ（大津泊）
2日目	遊覧船で琵琶湖クルーズ → びわ湖大花火大会（大津泊）
3日目	大津 → 電車で京都へ移動し、新幹線に乗り換え → 東京着

♥ 伊藤達紀さん
撮影する時のコツは、長時間露光をするので、しっかりした三脚を使うこと。夜景と花火の露出バランスに気をつけて撮影してみてください。

おすすめの季節

8月前半

びわ湖大花火大会の開催日は毎年8月8日前後。例年混雑するので、公式サイトで開催日を確認して早期に計画を立てよう。有料観覧席の予約も早めが吉。
biwako-visitors.jp/hanabi/

旅の予算

約8万円から

大津のホテルの宿泊料金は1泊約1万円〜。びわ湖大花火大会有料席代金1人4800円〜。レンタカー代（1日間）は約6000円。ミシガンクルーズ（90分コース）の料金は3000円。

旅のポイント

琵琶湖はもちろん、比叡山など日本を代表する観光地が点在する大津市周辺。時間が許せば、ちょっと足を伸ばして気になるスポットを訪ねてみよう。なお、花火大会当日は会場周辺で交通規制が行われたり、一部の商業施設では営業時間を短縮したりすることも。ニュースなどで情報を確認して行動しよう。

More Fun!
+α の
お楽しみ

ミシガンクルーズで
琵琶湖の広さを実感

パドルと呼ばれる羽根をつけた船「ミシガン」で琵琶湖を遊覧するミシガンクルーズは、日本一大きい琵琶湖の広さを実感するのにぴったり。デッキから見える比良比叡の山並みも360度の大パノラマも壮観。また、船内のレストランでの食事や音楽のライブショーを楽しめる。

滋賀県の伝統野菜
日野菜

「日野菜漬け」は滋賀県選択無形民俗文化財「滋賀の食文化財」にも選ばれている漬物。日野菜は滋賀県蒲生郡日野町が発祥とされるかぶの一種で、独特の風味と辛み、苦みが特徴。根にはアミラーゼや少量のビタミンが、葉にはβカロテンやビタミンCなどが豊富に含まれている。

見どころが
満載の比叡山

JR大津駅から北へ15kmほど行った場所にある比叡山には、日本を代表する寺社仏閣がいろいろ。さらに山頂に上れば、琵琶湖や京都方面のダイナミックな絶景も楽しめる。花火の絶景と合わせて、美しい景色も堪能してみては？

おまけ　真夏の旅だからこそ挑戦してみたいのが、ウォータースポーツ。琵琶湖では、カヤックやウィンドサーフィンなどのアクティビティが充実。湖は波があまり立たず、クラゲも出ないので初心者でもトライしやすい。また、海水と違って塩でベタつかず、水から上がった後もさっぱりと過ごすことができる。

絶景 57　長野県

戸隠神社 奥社

雪化粧した参道を
祈りを込めて歩き続ける

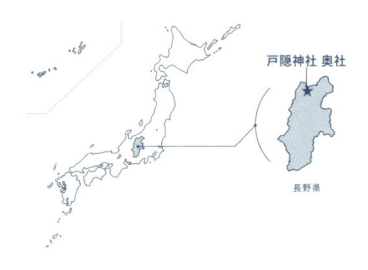

戸隠神社 奥社

長野県

絶景へのご案内

戸隠山の麓にあり、五社からなる広大な戸隠神社。雪化粧をした杉並木は、最も奥まった場所に位置する「奥社」の参道にある。長野駅のバス乗り場から、アルピコ交通バス・ループ橋経由戸隠高原行きに乗車し、約1時間で戸隠中社に到着。そこから奥社入口までは約2km。タクシーまたは徒歩で向かう。入口から奥社までの参道の距離も約2km。一般車両は進入できないので徒歩で参拝する。

たとえば
こんな旅 > 1泊2日

1日目　東京 → 新幹線で長野へ → バスとタクシーを乗り継ぎ、戸隠奥社入口へ・雪の積もった杉並木を撮影し、参拝 → 宿坊（戸隠泊）

2日目　徒歩で火之御子社や宝光社をめぐり、参拝 → バスで善光寺へ・参拝して仲見世通りを散策 → バスで長野 → 新幹線で帰宅 → 東京着

🔅 井上翔太さん
夏も冬も大迫力の神社です。参道が長いので、夏は歩きやすい靴がベスト。さらに冬は膝上まで雪が積もるため、スノーブーツが必須のスポットです！

おすすめの季節

12月中旬から3月

11月には雪が舞い始めるが、まとまった雪が降り雪景色が楽しめるようになるのは、例年12月中旬以降。積雪状況はライブカメラで確認できる。
togakushi-21.jp/livecam/tp01/

旅の予算

約4万円から

戸隠宿坊の1泊の料金は約1万4000円〜。長野から戸隠中社までのバス料金（片道）は1350円。戸隠営業所から善光寺大門までのバス料金（片道）は1250円。善光寺大門から長野駅付近までのバス料金（片道）は190円。

旅のポイント

長野駅から戸隠神社までのバスは、11月下旬から4月中旬までの冬季は奥社入口の停留所に停まらないため、中社で下車。そこから奥社まで歩くと約1時間かかる。戸隠は積雪量が多い地域なのでスノーブーツなどの滑りにくい靴が◎。中社の大鳥居横にタクシー会社の営業所があるので、奥社入口まではタクシーで移動しても。

More Fun! +α のお楽しみ

宿坊で
お寺の生活体験

戸隠神社の周辺には、寺社の宿泊施設「宿坊」が数多くある。かつては僧侶や参拝者のための施設だったが、最近は一般客を受け入れる宿坊も増加。気軽に泊まれるようになっており、郷土料理や精進料理なども楽しめる。

長野を代表するパワースポットめぐり

戸隠神社に参拝したあとは、全国にある善光寺の総本山、長野・善光寺にも立ち寄りたい。この寺の特徴は宗派に関係なく救済してくれること。2大パワースポットめぐりでご利益もたっぷり？

戸隠の名物といえば
「そば」

別名「そばの里」。戸隠にはそばの名店があり、店内で打った特徴ある自慢のそばを提供している。ぜひとも味わってきて！

おまけ　戸隠神社奥社と九頭龍社は1月初旬から4月下旬は閉殿となるので注意（参道の杉並木まではOK）。閉殿期間中は奥社・九頭龍社の分霊が中社に祀られる。また、中社に向かうバスは、冬季は戸隠高原のスキー場まで運行しているため、時間や曜日などによってはスキー客で混雑することもある。

147

絶景　58　　ニュー阿寒ホテル　北海道

北海道東部、阿寒摩周国立公園に位置するリゾートホテル。阿寒湖のほとりにあり、周囲を豊かな自然に囲まれている。阿寒湖温泉街にあることから温泉も有名で、とくにインフィニティ構造になっている屋上の「天空ガーデンスパ」が人気。まるで湖につながっているような開放的な湯船でリラックスすることができ、夜は満天の星空を見ることができる。日帰りでも利用可能。

空と湖とひとつになれる
極上の癒し空間

北海道

ニュー阿寒
ホテル

絶景へのご案内

ニュー阿寒ホテルまでは複数のアクセス方法がある。釧路空港を利用する場合は、空港から高速バスエアポートライナーを利用してニュー阿寒ホテルまで約1時間10分。レンタカーまたはタクシー利用の場合はホテルまで約1時間。女満別空港を利用する場合は、レンタカーまたはタクシーで約1時間30分。電車なら札幌駅からJR「特急おおぞら」で釧路駅まで約4時間。釧路駅からホテルまではレンタカー、タクシーを利用するか（約1時間20分）、路線バスを利用する（約1時間55分）。

たとえば
こんな旅 > 1泊2日

1日目　羽田 → 釧路 → 高速バスでニュー阿寒ホテルへ → ボッケ自然探勝路を散歩 → ホテルに戻って天空ガーデンスパへ（ニュー阿寒ホテル泊）

2日目　ホテルをチェックアウトし、遊覧船で阿寒湖を周遊 → アイヌコタンを訪ねる → 高速バスで釧路 → 羽田着

Cool釧路市観光大使　原田カーナさん
（Instagram：@khana_harada2020　X：@kaaaanana928）
9Fの大浴場から湯浴み着を着て屋上に上がると「天空ガーデンスパ」があります。頭上をさえぎるものがなく、夜は晴れていれば満天の星空も。大自然の恵みを感じながら、身も心もリフレッシュできます。

おすすめの季節

6月から7月

阿寒湖には、四季それぞれの楽しみがあるが、初夏から夏にかけては木々も芽吹き、さまざまな花が開花して美しい季節。気候もちょうどよく観光にも適している。

旅の予算

約5万5000円から

ニュー阿寒ホテルの宿泊料金は1泊約1万2000円〜。釧路空港からニュー阿寒ホテルまでの高速バス代は往復4380円。阿寒湖遊覧船の運賃は2400円。

旅のポイント

ニュー阿寒ホテルの天空ガーデンスパは湯浴み着（レンタル無料）もしくは水着を着用。気兼ねなく開放感に浸ることができる。なお、温泉地としても知られる阿寒湖畔。雄大な景色が望める天空ガーデンスパをはじめ、多くのホテルや旅館では日帰り入浴もできる。町には手湯や足湯も点在し、温泉街を堪能できる。

More Fun!
+α の
お楽しみ

有名なマリモに
ちなんだお土産
阿寒湖といえば湖に生息する藻の一種・マリモが有名。マリモをモチーフにした代表的なお土産品のひとつが「まりもようかん」。緑色の丸い形は、まさにマリモ。

いま注目の
アイヌ文化を知ろう
阿寒湖温泉には、先住民アイヌ民族の北海道最大のアイヌコタン（集落）があり、博物館やギャラリーなどアイヌの生活・文化を学べる施設が充実。芸術的な木彫の民芸品などが買えるお土産店、アイヌ料理が味わえる飲食店も立ち並ぶ。

名物グルメ「さんまんま」
釧路で水揚げされる、脂がのった大きなサンマを活かした料理が「さんまんま」。サンマを1尾丸ごと醤油だれに漬け、炊き込みごはんと大葉を巻いて炭火で焼き上げたもので、お土産用に冷凍品も販売されている。

おまけ　温泉街の東側にある阿寒湖畔エコミュージアムセンターの裏手に広がる「ボッケ自然探勝路」。遊歩道を15分ほど歩くと、地中から熱い泥や水蒸気が噴き出す「ボッケ」にたどり着く。ボッケとはアイヌ語で「煮え立つ」という意味。探勝路ではエゾリスやオオアカゲラなどの野生動物も見かけることも。

シリーズで揃えたい
「死ぬまでに行きたい！世界の絶景」の仲間たち

2013年から制作してきた「死ぬまでに行きたい！世界の絶景」シリーズ。様々な角度から絶景を紹介してきました。まだ読んでいない本があったら、ぜひ手にとってみてください。

『死ぬまでに行きたい！世界の絶景』

2013年

"70万いいね！"のFacebookページから誕生した、記念すべき1冊目。当時の"いいね数"ランキングを元に掲載スポットが決まりました。

『死ぬまでに行きたい！世界の絶景　日本編』

2014年

日本国内に眠る、まだ知られていない絶景を紹介した日本版。全都道府県が網羅されているので、あなたの身近な絶景に出会えるかも？

『死ぬまでに行きたい！世界の絶景　ホテル編』

2015年

旅の目的地にしたくなる「絶景ホテル」を特集したホテル編。憧れの海外リゾートから週末に行ける日本の旅館まで、約60施設を掲載しています。

『死ぬまでに行きたい！世界の絶景　体験編』

2016年

活動を通して絶景を楽しむ「アクティビティ」を集めた体験編。ハードなものから家族で遊べる場所まで。絶景を見るだけでは刺激が足りない方に！

『死ぬまでに行きたい！世界の絶景　新日本編』

2017年

「日本編」の反響を受けて作った第2弾。こちらも全都道府県の絶景スポットが掲載されています。ちなみに表紙はわたしがスマホで撮影した絶景。

『死ぬまでに行きたい！世界の絶景　ガイド編』

2019年

わたしが旅行した中からとくにおすすめの絶景を、実際の旅程とともに紹介した実用的な1冊。旅のアイテムなどのお役立ち情報が盛りだくさん！

絶景　59　アタカマ砂漠「Hand of the Desert」　チリ

アタカマ砂漠にある高さ約11mの彫刻作品。チリの彫刻家、マリオ・イララサバル氏によって1992年に制作され、「Hand of the Desert（砂漠の手）」と名付けられた。アタカマ砂漠は星空観察スポットとしても有名で、満天の星空のもとに浮かび上がる彫刻は幻想的。大陸の反対側に位置するウルグアイには同彫刻家による「右手」も存在し、まるで両手で南米大陸を包みこんでいるようだ。

絶景　60　**宇宙旅行**　宇宙

史上初めて宇宙旅行者の数が宇宙飛行士の数を超えた 2021 年は"宇宙旅行元年"と呼ばれ、今後に向け期待が高まっている。特に注目されているのが、2023 年に初の商業宇宙旅行を成功させた「ヴァージン・ギャラクティック」社で、日本の旅行代理店も取り扱いを開始。出発地はアメリカで、離陸からの所要時間は約90分間、宇宙空間への滞在は約 4 分間という。

絶景 59　チリ

アタカマ砂漠「Hand of the Desert」

荒野に突き出た巨大な手を満天の星空が包み込む

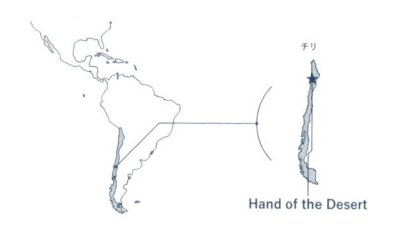

チリ

Hand of the Desert

絶景へのご案内

彫刻作品「Hand of the Desert」（スペイン語で「マノ・デル・デシエルト」）の最寄りの空港は、チリ北部の主要都市・アントファガスタにある、アンドレス・サベージャ・ガルベス国際空港。日本からの直行便はないので、アメリカやチリなどの都市で乗り継ぎをする。空港からレンタカーを借りて1号線を南下し、28号線に乗り継いでラ・ネグラで5号線に合流し、さらに南下する。空港から「Hand of the Desert」までは約96km、約1時間20分で到着する。アントファガスタ市街から車で訪れる場合は南に約70kmで、所要時間は1時間ほど。

たとえば
こんな旅 > 2泊6日

1日目	羽田 → ニューヨークで乗り継ぎ → リマで乗り継ぎ →（機中泊）
2日目	アントファガスタ → 車でアタカマ砂漠へ・「Hand of the Desert」と星空を鑑賞（アントファガスタ泊）
3日目	アントファガスタ → 車で郊外の景勝地ラ・ポルターダへ → アントファガスタに戻り、コロン広場、中央市場、海岸線の遊歩道「パセオ・デル・マ・アントファガスタ」を散策（アントファガスタ泊）
4日目	アントファガスタ → リマで乗り継ぎ →（機中泊）
5日目	ニューヨークで乗り継ぎ →（機中泊）
6日目	羽田着

> ♥ Teruyuki Higashi さん
> 何もない砂漠を走っていると突然現れるのがこの巨大な手。「いったい誰が、どうしてこんなところに？」この一言に尽きます。

おすすめの季節

6月から7月

気候が穏やかで観光しやすいのは5～9月、特に星空鑑賞をメインにするなら晴天の多い6月～7月がおすすめ。月が明るすぎると星が見えにくいので、満月前後の日は避けたい。

旅の予算

約35万円から

アントファガスタのホテルの宿泊料金は1泊約7000円～。レンタカー代は約1万6000円（2日間）～。

旅のポイント

「Hand of the Desert」へは、レンタカーを借りるかタクシーで行く。市内観光をする際にもレンタカーが便利。また、アタカマ砂漠は昼夜の気温差が激しく、夜間は0℃以下になることも。星空鑑賞などをする場合は防寒対策をしっかりと。なお、現在チリでは危険情報が出ているので、犯罪などへの警戒を忘れずに。

More Fun!
+αのお楽しみ

カスエラは代表的なチリグルメ

日本人の味覚に合うものが多いチリグルメ。カスエラは玉ねぎ、じゃがいも、とうもろこし、牛肉が材料の煮込み料理で、オレガノが味に深みを与えている。

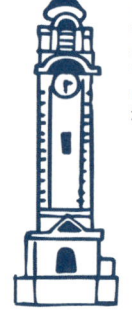

観光の拠点となるコロン広場

アントファガスタの中心にあるコロン広場は、チリ独立100周年を記念してイギリスから贈られたビッグベンのレプリカの時計塔が目印。近くにはチリ料理の飲食店が多く、海岸にもほど近い。

先住民族伝来のスパイスをお土産に

チリの先住民族伝来のスパイス「メルケン」。トウガラシとコリアンダーシードをスモークしたもので、肉や魚にかけたり、マヨネーズと混ぜてディップにしたりしても。

おまけ　パセオ・デル・マ・アントファガスタは、アントファガスタの街中から車で10分ほどの距離にある海岸沿いの遊歩道で、地元の人や観光客に人気の場所。一部ボードウォークがガラス張りとなっている場所もあり、下の海面を眺めることができる。また、美しい夕陽が見られるスポットとしても有名。

絶景60　宇宙

宇宙旅行

夢物語が実現する日は
もうすぐそこに

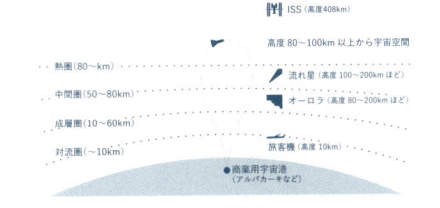

- ISS（高度408km）
- 高度 80～100km 以上から宇宙空間
- 熱圏（80～km）
- 流れ星（高度 100～200kmほど）
- 中間圏（50～80km）
- オーロラ（高度 80～200kmほど）
- 成層圏（10～60km）
- 対流圏（～10km）
- 旅客機（高度10km）
- ●商業用宇宙港（アルバカーキなど）

絶景へのご案内

実際に宇宙旅行サービスを行っているのは、「ヴァージン・ギャラクティック」（事業拠点は米カリフォルニア州モハベ宇宙基地）をはじめ、「ブルーオリジン」（事業拠点は米ワシントン州ケント）、「スペースX」（事業拠点は米テキサス州ブラウンズビル）、「スペース・アドベンチャーズ」（事業拠点は米バージニア州ビエナ）など。旅行プランは、「ヴァージン・ギャラクティック」と「ブルーオリジン」は宇宙空間体験旅行（無重力体験）で、「スペースX」と「スペース・アドベンチャーズ」は国際宇宙ステーション滞在旅行とされているが、今後はバリエーションもさらに増えていくだろう。

たとえば
こんな旅 > 6泊8日

1日目	成田（羽田）→ 乗り継ぎ → 現地空港 → 商業用宇宙港へ（現地泊）
2日目	宇宙訓練や健康診断（現地泊）
3日目	宇宙訓練や健康診断（現地泊）
4日目	宇宙訓練や健康診断（現地泊）
5日目	宇宙船に搭乗し、宇宙空間へ → 数分間、無重力の世界を体験し、宇宙から地球を眺める → 地球に帰還（現地泊）
6日目	自由行動（現地泊）
7日目	現地 → 乗り継ぎ →（機中泊）
8日目	成田（羽田）着

💬 **詩歩**
これぞ「死ぬまでに行きたい」宇宙旅行。眼下に発生するオーロラや星空は、私の想像力ではイメージしきれません！　実現するために、まずは貯金から始めなくっちゃ（笑）

おすすめの季節

通年

大人気のツアーだけに、予約がいっぱい。自分の予定に合わせるのはなかなか難しいかもしれないが、そこは臨機応変に対応しよう。

旅の予算

約7000万円から

旅行プランの価格は約7000万円～60億5000万円。宇宙での滞在時間や旅行プランの内容によって価格が大きく異なる。

旅のポイント

地球を周回する軌道に入り、宇宙での滞在期間が長い旅行だと、宇宙飛行士との厳しい訓練が必要になり、訓練期間も100日程度と長期にわたる。宇宙の滞在期間が数分の旅行であれば、訓練期間も数日で済む。最近はジェット機や熱気球などで無重力状態を作り、宇宙空間を擬似体験できる、安価で訓練が必要ないツアーも世界各地で実施されている。

More Fun! +αのお楽しみ

宇宙旅行のついでに現地観光も

世界初の商業用宇宙港が設置されたニューメキシコ州アルバカーキは、1706年にスペイン人によって作られた歴史ある街。その発祥の地であるオールドタウンは、砂・砂質粘土、わらなどを使ったアドービスタイルの建物が軒を連ね、独特の景観が魅力。カフェや土産物店が並び、ネイティブアメリカンのジュエリーやメキシコ雑貨などのお土産も豊富。

2027年に開業予定!?
宇宙ホテル計画

カリフォルニア州に拠点を置くゲートウェイスペースポートは、最大400人が泊まれる宇宙ホテル「ボイジャー・ステーション」の建設を計画している。ホテルは回転型のロータリーデザインで、なんと直径190mという巨大ホテル。居住モジュールのほかにキッチン付きのレストランなどが併設されるという。着工予定は2026年、開業は2027年になると見込まれている。

客室のイメージ図／Courtesy Gateway Foundation

熱気球で
宇宙の入口まで上昇

旅行大手のHISは、気球型宇宙船「Spaceship Neptune」での宇宙旅行の受付を開始。時速約20kmで宇宙の入口まで上昇し、高度30kmを2時間飛行し、その後2時間かけて降下し、海に着水するという計画だ。宇宙の入口までの旅行は無重力にならないことから、参加者の事前訓練などの必要はなし。料金は1人12万5000ドル（約1900万円）＋手数料55万円。

宇宙船イメージ（出典：HIS）

おまけ　ヴァージン・ギャラクティック社の宇宙船「スペースシップ2」が到達する高度は約80km。国際航空連盟は空と宇宙の境界を100kmに設定しているが、米空軍や米連邦航空局は高度80km以上を宇宙の目安としているため、同社のツアーの参加者はアメリカにおいては「宇宙旅行者」に認定される。

また、旅に出たくなる。

さくいん

写真提供

Nido Huebl／shtterstock〈p8〜9〉
olli0815／iStock〈p13〉
@travelmonster.nl〈p16〉
@lifeofsrikar〈p17〉
Anadolu／getty Images〈p20〜21〉
SIM／アフロ〈p25〉
eStock Photo／アフロ〈p28〉
helovi／iStock〈p29〉
jellyleg／iStock〈p32〉
Khaichuin Sim／getty Images〈p33〉
Thamonwan Kongsirinurak／iStock〈p36〜37〉
@marikasalomaki〈p40〜41〉
Belikova Oksana／shtterstock〈p44〉
Tatiana_kashko_photo／shtterstock〈p45〉

WinningBalloonClub〈p48〉
高田芳裕／アフロ〈p49〉
MarinaDa／shtterstock〈p56〉
@shahudan_ibrahim〈p57〉
岡田光司／アフロ〈p61〉
Cristian Zamfir／shtterstock〈p64〉
Samy Ghannam／アフロ〈p68〜69〉
macbaszii／iStock〈p73〉
アフロ〈p76〉
REX／アフロ〈p77〉
Amazing Aerial／アフロ〈p84〉
Scirocco340／shtterstock〈p85〉
Prisma Bildagentur／アフロ〈p89〉
HEMIS／アフロ〈p93〉

Profile

詩歩（Shiho）
「死ぬまでに行きたい！世界の絶景」プロデューサー

1990年生まれ。静岡県浜松市出身。

世界中の絶景を紹介するFacebookページ「死ぬまでに行きたい！世界の絶景」を運営し、70万以上のいいね！を獲得し話題に。 書籍シリーズも累計66万部を突破、アジア等海外でも出版される。昨今の"絶景"ブームを牽引し、流行語大賞にもノミネートされた。 現在はフリーランスで活動し、旅行商品のプロデュースや自治体等の地域振興のアドバイザーなどを行っている。2017年〜浜松市、2018年〜静岡県、2023年〜愛媛県の観光大使を務める。

Blog	http://shiho.me
Instagram	https://www.instagram.com/shiho_zekkei/
X	https://x.com/shiho_zekkei
Facebook	https://www.facebook.com/sekainozekkei
Contact	contact@zekkei-project.com　（お問い合わせはこちら）

死ぬまでに行きたい！世界の絶景　新世界編

2024年12月17日　発行

著　　　者	詩歩
発　行　人	塩見正孝
編　集　人	及川忠宏
発　行　所	株式会社三才ブックス

〒101-0041
東京都千代田区神田須田町2-6-5
OS85ビル3F
電話　03-3255-7995（代表）
FAX　03-5298-3520
メール　info@sansaibooks.co.jp

印刷・製本	株式会社山田写真製版所
プリンティングディレクター	
	村田治作（株式会社山田写真製版所）
協　　　力	板倉利樹（株式会社山田写真製版所）
デザイン	平塚兼右（PiDEZA Inc.）
編　　　集	野田りえ、山内章子、木村ゆかり
イラストレーション	
	waaai（@waaai___creator.com03）

ISBN978-4-86673-436-1 C0026

Special Thanks

　「死ぬまでに行きたい！世界の絶景」の
　ファンのみなさま
　コメントを寄せてくださったみなさま
　Madoka Iwasaki

本書の内容は2024年11月現在の情報です。渡航情報や金額などは変動する場合があります。最新情報は外務省のWebサイトや、各国の観光局などで確認してください。

外務省　海外安全ホームページ
http://www.anzen.mofa.go.jp/